집에서, 공방에서, 온라인에서
크래프트 숍을 운영하는 노하우

내 작은
크래프트 숍
시작하기

순진한 크래프터를 위한 **친절한** 크래프트 숍 운영 가이드

토리 제인 지음

design **house**

No. JP3450
RSM 30×40
ON VERMILLION
130×180
ONE
130×180
CAFE

내 작은 크래프트 숍 시작하기
집에서, 공방에서, 온라인에서 크래프트 숍을 운영하는 노하우

토리 제인 지음 · 염세라 옮김

1판 1쇄 펴낸날 2014년 10월 20일

펴낸이	이영혜
펴낸곳	디자인하우스
	서울시 중구 동호로 310 태광빌딩
	우편번호 100–855 중앙우체국 사서함 2532
대표전화	(02) 2275–6151
영업부직통	(02) 2263–6900
팩시밀리	(02) 2275–7884, 7885
홈페이지	www.designhouse.co.kr
등록	1977년 8월 19일, 제2–208호
편집장	김은주
편집팀	박은경, 이소영
디자인팀	김희정, 김지혜
마케팅팀	도경의
영업부	김용균, 오혜란, 고은영
제작부	이성훈, 민나영, 박상민
교정 · 교열	이정현

HOW TO SHOW & SELL YOUR CRAFTS
Copyright © 2014 by Quintet Publishing Ltd. All Rights Reserved. Printed in China.
No part of this book may be used or reproduced in any manner whatever without written permission,
except in the case of brief quotations embodied in critical articles or reviews.
Korean Translation Copyright © 2014 by Design House Inc.
Published by arrangement with Quintet Publishing Ltd.,
a member of the Quarto Group through BC Agency, Seoul.

이 책의 한국어판 저작권은 BC 에이전시를 통한 저작권자인 Quintet Publishing Ltd.와 독점 계약한
㈜디자인하우스에 있습니다. 저작권법에 의해 한국 내에서 보호를 받는 저작물이므로 어떠한 형태로든 무단전재와
무단복제를 금합니다. ㈜디자인하우스는 김영철 변호사 · 변리사(법무법인 케이씨엘)의 법률 자문을 받고 있습니다.

ISBN 978–89–7041–626–7 13630
가격 13,500원

이 도서의 국립중앙도서관 출판예정도서목록(CIP)은 서지정보유통지원시스템 홈페이지(http://seoji.nl.go.kr)와
국가자료공동목록시스템(http://www.nl.go.kr/kolisnet)에서 이용하실 수 있습니다.(CIP제어번호 : CIP2014020520)

CONTENTS

PROLOGUE
취미가 직업이 되는 순간   6

CHAPTER 1
순진한 크래프터, 나만의 숍을 정의하다 _ 작업 공간 만들기   9

CHAPTER 2
모든 것은 이름에 달렸다 _ 브랜드 구축하기   45

CHAPTER 3
크래프트 + 비즈니스 _ 온라인 홍보 A to Z   63

CHAPTER 4
시선을 사로잡는 디스플레이 _ 오프라인 홍보 A to Z   91

CHAPTER 5
세상과 소통하는 방법 _ 페이스북부터 인스타그램까지   109

CRAFTER ADVICE   128

참고할 만한 온라인 사이트   130

그다음 할 일은?   132

SNS 한눈에 보기   136

이 책에서 만난 크래프터   138

INDEX   140

PROLOGUE

취미가 직업이 되는 순간

만약 당신이 아기자기한 소품을 잘 만들고, 남들과는 다른 독특한 작품을 만드는 데 재능이 있다는 이야기를 자주 듣는다면 한 번쯤 나만의 작은 숍을 꿈꿔봤을 것이다. 하지만 크래프트 숍을 시작하는 건 쉬운 일이 아니다. 근사한 작품을 만드는 것만으로 끝나지 않기 때문이다.

이 책은 취미를 직업으로 확장하고 싶지만 어디서부터 어떻게 시작해야 할지 몰라 막막한 당신에게 좋은 길잡이가 되어줄 것이다. 나만의 작업실을 만드는 방법, 개성 있는 브랜드를 만드는 방법, 손수 만든 제품을 매력적으로 촬영하고 효과적으로 알리는 방법에 이르기까지 필자가 직접 체험한 경험을 소개한다. 뿐만 아니라 크래프트 숍으로 대중에게 사랑받는 선배 크래프터Crafter들의 노하우까지 얻을 수 있다.

크래프트 숍을 시작하려면 작업에 필요한 영감을 받을 수 있도록 공간을 꾸미는 일이 먼저다. 숨어 있던 물건을 십분 활용해 나만의 색다른 작업실 분위기를 연출해보자. 아이디어를 얻고, 차별화된 브랜드를 탄생시킬 작업실을 만들 수 있을 것이다. 또 크래프트 작품들을 어떻게 브랜드화할 수 있을지 심도 있게 파헤쳐보자. 브랜드 만들기는 대기업뿐 아니라 처음 시작하는 크래프터에게도 중요한 일이기 때문이다.

브랜드를 만들었다면 이제 세상 밖으로 나갈 차례다. 크래프트 박람회에서 사람들의 눈에 띄게 디스플레이하는 방법, 내 작품에 관심을 보이는 손님과 친해지는 노하우, 재방문 유도하기부터 엣시닷컴etsy.com과 같은 외부 채널을 통한 판매 방법, 블로그, 페이스북, 인스타그램 등을 활용한 온·오프라인 홍보 방법에 이르기까지 크래프트 숍을 시작하는 데 필요한 모든 것을 알려준다.

취미로 즐기던 크래프트를 브랜드를 내건 숍에서 선보인다는 게 부담스럽고 버겁게 느껴질 수 있다. 하지만 이 책과 함께한다면 나만의 브랜드로 세상 사람들과 어렵지 않게 소통할 수 있을 것이다. 부디 이 책을 통해 다음 단계로 도약하기 위한 영감을 얻기를 바라며….

CHAPTER 1

순진한 크래프터,
나만의 숍을 정의하다
작업 공간 만들기

다른 크래프터의 창작 공간을 들여다보는 것만큼 크래프터에게 즐거운 일은 없을 것이다. 작업실이나 공방을 보면 그 브랜드에 대해 많은 것을 알 수 있다. 크래프트 숍을 처음 시작할 때는 이 점을 반드시 기억하자.

나만의 작업실, 어디가 좋을까? 어떻게 꾸며야 할까? ········ 10
수납은 이렇게! ·· 15
아이디어 스케치, 이미지 보드 만들기 ···················· 36

나만의 작업실,
어디가 좋을까?
어떻게 꾸며야 할까?

정리 정돈은 깔끔하고 아이디어가 샘솟는 작업 공간을 유지하는 데 반드시 필요하다. 작업 공간이 어수선하면 창의적 에너지도 고갈된다. 엉킨 리본, 헐거워진 단추, 필요할 때 찾으면 꼭 사라지고 없는 가위와 씨름하다 귀중한 시간을 잃는 일이 없어야 한다. 이 장에서는 에마 램(14쪽), '크래프트 앤드 크리에이티비티'의 헬레나 샤에데르 쇠데르베리(22쪽), '팅커드 트레저'의 엘리즈 메이저(42쪽), 그리고 필자가 나만의 작업실 꾸미는 방법을 소개한다. 그 방법에 따른다면 카드나 스크랩북 만들기, 또는 뜨개질이나 바느질 등 좋아하는 일을 할 시간이 더 넉넉해질 것이다.

우선 작업에 필요한 재료와 도구를 모두 모아놓고 언제나 활용할 수 있는 공간을 골라야 한다. 방 하나를 통째로 작업실로 활용할 수 있다면 더없이 좋다. 하지만 공간이 부족하다면 어떻게 해야 할까? 방 한쪽 구석이나 널찍한 캐비닛 안쪽 공간이라도 아이디어를 내고 영감을 얻는 일에 할애할 수 있다면 충분하다. 이때 자연 채광을 최대한 고려하고 창의적인 꿈을 꿀 수 있는 조용한 장소를 선택하자. 그다음에는 재료를 모아 종류별로 분류한다. 작업실 정리의 핵심은 모든 물건을 알아보기 쉽게 구분해 정리하는 것, 자주 사용하는 것을 가까이에 두는 것이다. 수납 상자의 유혹에 넘어가면 안 된다. 잘못하면 불필요한 수납용품으로 공간이 어지러워지기 때문이다. 작업 분야가 여럿이라면 분야별로 정리해 구분해둔다.

재료를 다 분류했으면 다음은 수납 방법을 찾아볼 차례다. 잃어버리기 쉬운 것은 유리병에 담아두고, 현재 작업 중인 것은 금방 꺼낼 수 있도록 뚜껑 없는 상자에 넣어 바닥에 둔다. 이렇게 수납 용기만 잘 골라도 훨씬 편리하다. 수납용품점과 크래프트 전문점에서만 찾을 것이 아니라, 창의

력을 발휘해 이미 갖고 있는 아이템을 업사이클링해 사용
하거나 벼룩시장, 중고 물품점에서 구입한 것을 색다르게
활용해보자. 작업실은 크래프터의 개성이 듬뿍 담긴, 브랜
드의 정체성을 확고히 할 수 있는 공간이 되어야 한다.

상황에 따라 적절히 변용할 수 있는 다용도 수납 시스템
을 만들어보자. 후크나 막대 같은 물건은 수건을 거는 고
리나 리본을 감아놓는 심으로 재활용할 수 있다. 마음에
들고 보기 좋은 아이템을 찾아 영감을 주도록 눈에 잘 띄
는 곳에 둔다.

작업실 중앙에는 널찍한 작업대를 두어 중심을 잡아야 한
다. 작업 공간이 넉넉한 크고 튼튼한 테이블을 고른다(직
접 만드는 방법은 30쪽 참조). 테이블 가장자리에 줄자 테이프
를 붙여놓으면 작업할 때 치수를 쉽게 잴 수 있다.

위 : 여분의 재료는 후크에 걸어둔다. 크래프터의 스타일과 브랜드 개
성에 따라 다른 느낌을 낼 수 있다. **아래** : 나무 실패를 사용하면 리본
을 깔끔하게 정리할 수 있다(20쪽 참조).

TIPS

- 튼튼한 의자는 필수다.
  스타일리시한 디자인이면 더 좋다.

- 자연 조명과 천장 조명과는 별도로 섬세한
  작업에 유용한 집중 조명으로 고른다.

- 카펫이나 러그는 피한다. 바닥은 빗자루질하기
  쉬워야 한다.

- 재료를 더 쉽게 운반할 수 있도록 이동식
  수납장을 마련하자.

- 가위, 글루건, 테이프 등 항상 사용하는 물건은
  일정한 수납 장소를 정해놓고 그 주위를
  깔끔하게 유지한다. 이런 물건들은 서랍 안이나
  작업대 위 네트망처럼 찾기 쉬운 곳에 두어야
  한다. 잘 사용하지 않는 것은 눈에 띄지 않는
  곳에 보관해도 되지만, 필요할 때 빨리 찾을 수
  있도록 라벨을 붙여둔다.

- 작업실 활용도를 높이려면 문 위쪽, 침대 밑,
  테이블 밑 등 공간을 최대한 사용해야 한다.
  생각보다 많은 수납공간을 확보할 수 있다는
  사실에 깜짝 놀랄 것이다.

- 천이나 큰 재료는 걸어놓는 것이 가장 좋다.
  이렇게 하면 상자나 바구니에 쌓아두는 것보다
  훨씬 찾기 쉽다.

에마 램은 텍스타일 디자이너이자 블로거, 온라인 숍 오너로, 스코틀랜드 에든버러의 집에 스튜디오를 마련했다. 에든버러 예술대학에서 섬유 디자인을 전공하고 10년 동안 전문 텍스타일 디자이너로 일했다. 전통 수공예에 뿌리를 둔 스타일이 그녀의 전문 분야다. 디자인 콘셉트에 따라 아플리케, 자수, 뜨개질, 프린팅, 손 그림 장식까지 직접 작업한다.

> "저는 빈티지한 철제 용기, 예쁜 꽃병, 무늬 있는 박스를 모아요. 실, 단추, 털실 같은 크래프트 재료를 넣어두기에 좋죠. 이렇게 하나하나 모으다 보면 점점 더 빠져든답니다."

2008년, 디자인 트렌드가 급변하는 섬유 시장의 현실에 환멸을 느낀 에마는 보다 의미 있고 오래 지속할 수 있는 작업 방법을 찾아 나섰다. 어릴 적 엄마에게 배운 손뜨개질에 본격적으로 집중한 것도 이때부터.

수납은 이렇게!

1 수납 용기

- 서랍 바닥에는 미끄럼 방지 판을 깔아 재료가 굴러다니지 않도록 한다.

- 예쁜 철제 캔이나 유리병에 작업 도구를 보관해 쉽게 손에 닿는 곳에 두면 보기도 좋고 작업 의욕도 생긴다.

- 낡은 박스는 각자 스타일대로 장식해 재활용할 수 있다.

- 차고 세일이나 벼룩시장에서 구입한 그릇에는 자주 쓰는 도구를 담아둔다.

- 이미 가지고 있는 용기를 활용한다. 창의적인 재활용과 수납 아이디어를 발휘해보자.

2 정리하기

- 쓴 것은 항상 제자리에 둔다.

- 여유 공간을 확보한다.

- 목록을 작성해 정리한다.

- 수납 용기에는 사진을 붙여 내용물을 표시해둔다.

1 종이류는 깔끔하게 말아 폐지함이나 옷 바구니에 넣어두면 찾기 쉽다.

2 수납 선반을 만들고 물건을 찾기 쉽게 종류별로 정리한다.

3   작업 종류에 따라 다른 선반과 서랍, 다른 색깔의 박스를 활용해 정리한다. 작업 도구와 재료는 종류별로 정해진 곳에 보관한다.

4   항상 영감이 솟아나는 공간이 되도록 작업실을 꾸민다.

5 양념 통이나 와인 거치대처럼 획기적인 수납 방법도 생각해본다.

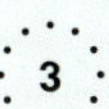

3 정돈하기

- 작업 종류에 따라 작업대 공간을 나누어놓는다.

- 천장 높이의 선반과 후크를 이용해 세로로 정리한다.

- 첫째도 라벨링, 둘째도 라벨링, 셋째도 라벨링!
  자석형 라벨 홀더나 그림이 그려진 분필 라벨을
  써도 좋다.

- 스스로가 잘 알아볼 수 있는 방식으로 분류한다.

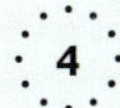

4 영감 얻기

- 영감을 주는 예술 작품과 작업물을 눈에 띄는 곳에
  두어 동기부여와 창의력의 원천이 되도록 한다.

- 영감이 될 만한 그림 자료를 보관할 회전식
  거치대를 찾아보자.

- 조명에 신경 쓴다.

5 실용적인 공간 만들기

- 실용적인 작업대를 구입하거나 직접 만들어보자
  (30쪽 참조).

- 디자인이 심플하면서도 사용하기 좋은 도구를 고른다.

- 자주 사용하는 도구는 손에 잘 닿는 곳에 둔다.

- 벽면을 활용해보자. 예를 들면 자석형 칼 보관대를
  걸고 작업 도구를 붙여두어도 좋다.

- 페그보드(전체에 작은 구멍이 뚫린 판)는 만능
  정리 도구다.

리본 정리함 RIBBON SPOOL HOLDER BOX

제멋대로 풀리고 엉키는 리본을 깔끔하게 정리할 수 있는 방법. 심에 감은 리본을 상자 안 거치대에 나란히 꿰고, 박스 한쪽이나 양쪽에 아일릿으로 작은 구멍을 뚫어 리본 끝을 빼놓는다. 정리함에 보관하는 리본의 개수에 따라 구멍 위치를 조절할 수 있다. 리본이 많으면 이런 박스를 몇 개씩 쌓아놓아도 좋다. 이렇게 하면 리본을 찾기도 쉽고 필요한 만큼 꺼낼 수 있다.

1 적당한 크기의 직사각형 상자를 찾거나 만든다. 사진 정리함도 좋고 신발 상자도 좋다. 감아놓은 리본을 중심축으로 쓸 막대에 끼워 상자에 모두 들어가는지 확인한다. 리본을 감는 심은 원형이어야 한다. 심이 없으면 판지를 둥글게 말아 사용한다.

2 상자 안에 축을 끼울 곳을 표시하고, 판지를 작게 잘라 안쪽에 붙여 축을 고정한다.

3 원하는 디자인의 포장지로 상자 겉면을 꾸민다(26쪽 참조).

4 상자에 넣을 리본의 개수에 따라 구멍을 몇 개 뚫을지 정한다.

5 폭이 좁은 리본에는 작은 아일릿, 폭이 넓은 리본에는 큰 아일릿을 사용해 구멍을 뚫어야 한다. 상자의 가장 긴 면에 구멍을 뚫을 위치와 크기를 표시한다. 상자에 담을 리본 위치가 구멍 위치와 잘 맞는지 확인한다.

6 상자에 구멍을 뚫고 사용 설명서에 따라 아일릿 심을 끼운다(공작용 칼, 작은 드릴이나 가위로 먼저 구멍을 뚫은 다음 아일릿 펀치를 이용해 심을 끼우는 것이 일반적이다).

7 리본 심을 꿴 축을 상자 안에 끼우고 리본 끝을 하나하나 잡아 상자 밖으로 빼놓는다. 상자 뚜껑을 덮으면 완성!

준비물

- 직사각형 판지 상자
- 중심축으로 쓸 막대(박스 길이에 맞추어 잘라둘 것)
- 판지
- 포장지
- 아일릿 심(대형, 소형)
- 아일릿 펀치

1

3

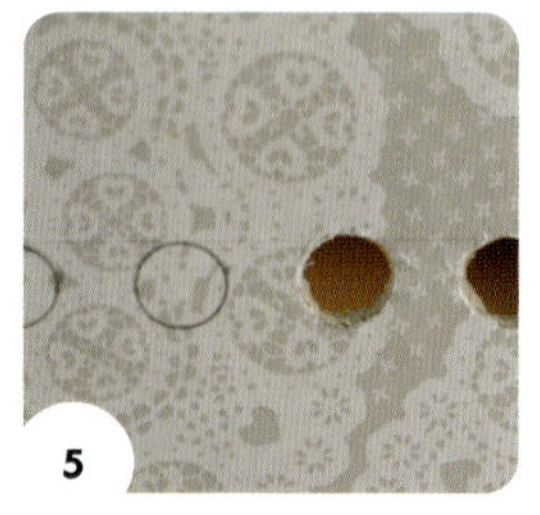

5

6

7

7

나무 홀더의 변신, 리본 감개 WOODEN RIBBON SPOOL HOLDER

작업 재료가 깔끔하게 정리되어 있으면 아이디어가 저절로 샘솟는다. 리본을 깔끔하게 정리하는 데는
쉽고 빠르게 만들 수 있는 나무 홀더가 제격이다. 브랜드 디자인과 맞는 색깔을 선택해 장식하면
시크한 스타일이 완성된다. 홀더 몇 개로 갖고 있는 리본을 팔레트처럼 색깔별로, 또는 테마별로 정리해보자.

1 먼저 나무 컵 받침 중앙에 축과 같은 굵기의 구멍을 조심스럽게 뚫는다. 뚫은 구멍에 축을 밀어 넣고 접착제로 고정해 말린다.

2 나무 손잡이에도 굵기가 같은 구멍을 ¾ 정도 깊이까지만 뚫는다.

3 컵 받침이 축에 잘 붙었는지, 축 꼭대기에 손잡이 구멍이 잘 맞는지 확인한다.

4 손잡이를 빼놓고, 컵 받침과 축, 손잡이에 페인트를 여러 번 칠한 후 건조시킨다.

5 심에 감아놓은 리본을 축에 꿰고 손잡이를 맨 위에 끼운다.

준비물

- 원형 나무 컵 받침
- 축으로 사용할 25cm 정도의 막대
- 드릴
- 목공용 접착제
- 원형 나무 서랍 손잡이
- 공작용 페인트
- 페인트 붓

2

TIPS

- 빈티지한 느낌을 원한다면, 먼저 흰색으로 칠한 뒤 페인트를 한 겹 덧입히고 가볍게 사포질을 하면 낡은 듯한 질감을 낼 수 있다.
- 화려하고 반짝이는 디자인을 원한다면 글리터 페인트나 메탈릭 페인트를 사용한다.

3

헬레나 샤에데르 쇠데르베리
HELENA SCHAEDER SÖDERBERG

헬레나 샤에데르 쇠데르베리는 '크래프트 앤드 크리에이티비티Craft & Creativity'라는 웹사이트의 창립자로, 집에서 '메이크 앤드 크리에이트Make & Create'라는 숍을 운영하고 있다. 시계공이자 예술가, 발명가인 할아버지와 바느질 솜씨가 뛰어난 크래프트 애호가 어머니가 운영해온 숍이다. 평생 크래프터로 살아온 헬레나의 어릴 적 가장 즐거운 기억은 엄마와 식탁에 앉아 이것저것을 만들던 시간들이다. 지금도 어머니와 함께 작업을 하지만, 두 딸이 생기면서 동료가 더 늘었다.

헬레나는 수년 전부터 집 안 사진과 직접 만든 소품 사진을 플리커(사진 공유 사이트)에 올리면서, 블로그를 운영하느냐는 질문을 끊임없이 받았다. 그녀는 2011년 9월, 크래프트 앤드 크리에이티비티 웹사이트를 개설하고 직접 만든 크래프트와 DIY 강좌를 올렸다. 그녀의 웹사이트는 순식간에 인기를 끌었고, 작업에 사용한 재료 구입처에 대한 문의가 이어지자 헬레나는 크래프트 재료를 판매하는 숍을 열어야겠다고 생각했다. 그렇게 해서 메이크 앤드 크리에이트가 탄생했다. 헬레나는 동료인 존과 함께 성공적으로 온라인 숍을 운영하며, 스웨덴 발렌투나에서 남편과 두 딸, 고양이와 함께 살고 있다.

"필요한 것을 쉽게 찾을 수 있도록 작업실이 잘 정리된 상태를 좋아해요. 한쪽 벽에는 엽서, 사진, 천 조각 등 영감이 될 만한 것들을 붙여놓죠. 뭐든지 박스나 병에 담아놓기를 좋아해요. 자투리 리본까지도 사탕 통에 담아놓을 정도니까요."

PAPER STRA

Hybrid
Pentel K106 Milky gel roller
Pentel K106 Milky gel roller
Pentel K106 Milky gel roller

깜짝 변신, 재활용 연필꽂이 PRETTY PEN POTS

철제 용기를 포장지로 싸서 깔끔한 수납함을 만들어보자.
펜과 연필, 붓을 정리하고 창의력까지 한껏 뽐낼 수 있는 방법이다.

준비물

- 빈 철제 용기
- 예쁜 포장지나 엽서
- 양면테이프
- 가위
- 스프레이 페인트(선택 사항)
- 화지 테이프(선택 사항)

1 빈 캔을 씻어서 말린 후 캔 크기에 맞추어 포장지를 자른다(캔에서 라벨을 떼어내고 그 크기에 맞추어 본을 떠도 좋다).

2 캔 겉면에 양면테이프를 골고루 붙인다.

3 양면테이프 겉면을 떼어내고 포장지를 조심스럽게 붙여 완성한 다음 페인트용 붓, 연필, 펜을 꽂아둔다.

TIPS

- 프링글스 캔을 예쁜 종이로 포장하면 훌륭한 연필꽂이가 탄생한다. 뚜껑이 달려 있어 활용도가 높다.
- 스프레이 페인트를 사용 설명에 따라 뿌려서 칠한 후 말려도 좋다.
- 화지 테이프는 원하는 모양에 따라 붙인다.

천을 이용한 상자 리폼 COVERED BOX

어수선하지 않고 차분한 작업실 분위기를 유지하려면 효율적인 수납 방식이 필요하다.
천으로 감싼 수납 상자는 취향에 맞게 장식할 수 있어 안성맞춤이다. 자주 쓰는 물건을 넣어두기에도 좋다.

1 우선 나무 상자의 밑면과 뚜껑에 붙은 금속 부품을 모두 떼어낸다.

2 자 밑면과 옆면 크기를 재고 천으로 안쪽까지 덮을 수 있도록 여유분을 더한다. 그렇게 정한 치수에 따라 천을 자른다.

3 상자 뚜껑 윗면에 풀을 얇게 펴 바른 후 살짝 말린다.

4 상자 윗면을 붙일 천에 댄다. 천이 잘 접히도록 네 귀퉁이에 같은 모양의 가윗집을 낸다. 상자 한쪽 모서리에 평행하게 자를 대고, 자 안쪽 가장자리를 따라 상자 바깥까지 연필로 선을 그은 후 그 선을 따라 자르면 된다. 나머지 세 귀퉁이도 똑같은 방식으로 한다.

5 상자 뚜껑 옆면에 풀을 얇게 펴 바른 후 살짝 말린다.

6 천의 긴 쪽을 잡아 상자에 붙인다. 상자 뚜껑 안쪽에도 앞에서와 마찬가지로 풀을 바른다.

7 천을 접어 상자 뚜껑 안쪽에 붙인 후 금속 부품을 다시 붙인다. 나머지 긴 쪽 면을 똑같이 작업한다. 짧은 쪽 면에도 ②~⑦번을 반복한다.

준비물

- 금속 부품이 달린 나무 상자
- 흰색 풀
- 포장용 천
- 연필
- 가위
- 스크루 드라이버

TIPS

- 천 가장자리가 해지면 절단 부위를 따라 흰색 풀을 가볍게 두드려 바른다. 깨끗하게 마르면서 천이 해지는 것도 막아준다.

개성 만점 수납함 STYLISH STORAGE BOXES

남은 재료로 정리할 상자를 직접 만들어보자.
자투리 재료를 눈에 띄지 않게 수납하면서 찾기 쉽고 깨끗하게 보관할 수 있는 방법이다.

1 포장지를 무늬 있는 면이 밑으로 가도록 펼친다. 그 위에 상자를 올려놓고 각 모서리에 상자를 감쌀 만큼 충분한 공간을 남겨둔다.

2 연필로 상자 가장자리를 따라 포장지에 윤곽선을 긋는다. 상자를 세워가면서 각각의 옆면 윤곽선을 그린다.

3 각 윤곽선 밖으로 6mm 정도의 여분을 남기고 포장지를 자른다.

4 재단한 포장지 가운데에 상자를 다시 올려놓고 양면테이프를 작게 잘라 붙여 고정한다. 옆면에 붙일 포장지를 접어 올려 접는 선을 만든다.

5 포장지의 한쪽 모서리에서부터 반대쪽 모서리에 맞추어 비스듬히 포장지를 자른다. 그런 다음 미리 접어놓은 선을 참고해 나머지 모서리는 직선으로 이어 자른다. 사진처럼 상자의 두 면에는 비스듬히 자른 부분을 겹쳐 세모꼴이 되도록 하고, 나머지 두 면에는 포장지가 꽉 차게 한다.

6 포장지를 세모꼴로 겹친 두 면의 위쪽에 마운팅 테이프를 붙여 고정한다. 양쪽 모서리 아래쪽에 남은 포장지에 마운팅 테이프를 붙여 접어 올린 후 단단히 고정한다. 모서리에 남은 부분은 가위로 깔끔하게 잘라 정리한다.

7 뚜껑도 같은 방식으로 포장하면 예쁜 수납함이 완성된다.

준비물

- 정사각형 또는 직사각형 상자
- 스크랩한 신문지, 선물 포장지 또는 벽지
- 연필
- 가위
- 양면테이프
- 마운팅 테이프(고급형 양면테이프) 또는 강력 양면테이프

다용도 작업대 CRAFT DESK

작업 공간의 중심을 잡으려면 작업대가 필요하다. 아주 저렴한 비용으로 고급 디자인 가구 스타일의 작업대를 만드는 방법을 소개한다. 가게의 물건 판매대 정도 되는 높이의 뒤판 없는 책장 두 개를 나란히 두거나 작은 책장 여러 개를 두 줄로 쌓아 높이를 맞춘 후, 그 위에 작업대로 쓸 상판을 올려놓는 방식이다. 이렇게 만든 작업대는 어떤 공간에서나 쓸 수 있고, 옮기기도 쉽다. 필요한 작업대 치수를 정한 후 그에 맞게 책장과 상판을 구입한다. 자신만의 스타일을 가미하고 싶다면 좋아하는 모양으로 레이저 커팅한 나무 패널을 옆면에 붙인다. 이렇게 하면 위쪽 작업 공간과 아래쪽 수납공간 모두 넉넉한 작업대가 완성된다.

1 우선 너비 100cm 정도에 높이가 적당한 책장을 찾아야 한다. 딱 맞는 책장을 구할 수 없다면 작은 책장이나 선반 여러 개를 목공용 접착제나 말뚝 이음매로 고정해 만든다. 그다음에는 세로 폭이 준비한 책장 폭과 같고, 가로 폭은 책장 사이에 의자가 들어갈 만큼 넉넉한 테이블용 상판을 준비한다.

2 옆면을 꾸미고 싶다면 레이저 커팅 업소에 원하는 디자인과 치수를 알려주고 장식 패널 제작을 의뢰한다.

3 조립식 가구 설명서에 따라 책장이나 선반을 조립한다.

4 목공용 접착제를 장식용 나무 패널 뒷면에 얇게 펴 바른다.

준비물

- 흰색 책장 또는 지지대가 달린 선반
  (깊은 큐브형 선반이 가장 좋다)
- 상판
- 말뚝 이음매 2세트
- 목공용 접착제
- 레이저 커팅한 나무 패널 2세트
  (책장 옆면 폭과 높이에 맞추어 준비한다)

TIPS

- 작업대가 완성되면 색이 고르게 입혀지도록
  페인트칠을 여러 번 한다.

5

6

7

5 책장 옆면에 나무 패널을 조심스럽게 대어 붙이고 마를 때까지 기다린다.

6 양쪽 책장 윗면에 작은 구멍을 뚫는다.

7 말뚝형 이음매를 끼워 넣는다.

8 상판 밑면에도 같은 위치에 구멍을 뚫는다.

9 말뚝 이음매를 상판 구멍에 맞추어 끼우면서 상판을 양쪽 책장 위에 고정한다.

9

업사이클링을 활용한 수납용 유리병
UPCYCLED STORAGE JARS

인테리어 효과도 있고 부재료를 보관하기에도 안성맞춤인 유리병을 만들어보자. 필요에 따라 원하는 크기의 병을 골라 만들 수 있다.

준비물
- 동물 모양 플라스틱 장난감
- 뚜껑이 달린 유리병(라벨을 떼고 씻어 준비한다)
- 순간접착제
- 스프레이 페인트

1 먼저 플라스틱 장난감을 뚜껑에 잘 붙이고 건조시킨다.

2 사용하지 않는 작업대에 뚜껑을 올려놓는다(필자는 낡은 유리 접시를 활용했다). 스프레이 페인트 사용법에 따라 뚜껑과 동물 장난감 전체에 페인트를 고르게 입힌다. 색이 보이지 않을 때까지 반복해서 칠한 후 마를 때까지 기다린다.

3 ②의 뚜껑을 유리병에 끼우고 작은 부재료를 수납할 때 사용한다.

> **"색색의 볼, 유리병, 철제 캔 같은 용기를 여러 개 구해서 작은 크래프트 재료를 수납하면 좋아요. 깔끔하게 정리할 수도 있고 선반에 올려놓으면 인테리어 소품 역할도 하죠."** 시티 시크 컨트리 마우스

아이디어 스케치,
이미지 보드 만들기

영감이 저절로 샘솟는 작업실도 꾸미고, 재료도 잘 정리해 수납했다면 이번에는 이미지 보드를 만들어야 한다. 이미지 보드에는 두 가지가 있다. 구상용 보드와 영감용 보드다. 두 가지 다 디자이너가 진행 중인 작업에 참고하기 위해 수집한 이미지, 천, 글, 물품을 콜라주 형태로 부착한 것을 말한다. 보드는 종이 포스터, 공지 게시판, 디지털 그래픽, 그 밖의 시각 매체를 통한 자료 등 다양하며, 패션, 건축, 미술, 행사 기획, 웹사이트, 그래픽 디자인, 게임 디자인 등 모든 디자인 분야에서 사용한다. 보드는 디자인 콘셉트를 발전시키고 동료나 고객에게 아이디어를 전달하는 기능도 한다.

구상용 보드와 영감용 보드는 어떻게 다를까? 우선 구상용 보드는 전체적인 분위기를 결정한다. 어떤 제품의 느낌을 정하기 위해 스타일, 느낌, 분위기, 맥락에 대한 아이디어와 영감을 한데 엮는 데 필요하다. 구상용 보드를 만들 때는 콘셉트를 중심으로 생각해야 하는데, 이는 결국 느낌과 심리에 관련된 것이라 할 수 있다. 영감용 보드는 보다 구체적이고 시각적이다. 실제로 디자인 프로젝트에 반영할 참고 자료나 모형을 모아놓는다. 영감용 보드는 디테일, 색채, 형태, 질감과 선에 대한 메시지를 알아볼 수 있도록 제작해야 한다. 즉 구상용 보드는 내가 만들 제품의 느낌에 대한 조사 자료와 이미지를 모아놓는 것, 영감용 보드는 제품의 형태에 대한 참고 사항을 모아놓는 것이라고 할 수 있다. 구상용 보드는 영감용 보드의 내용에 영향을 미쳐야 하며, 영감용 보드는 구상용 보드의 분위기와 잘 맞아야 한다.

두 가지 보드는 모두 브레인스토밍과 아이디어를 직관적으로 정리할 수 있는 방식이다. 보드가 있으면 목표를 명확히 할 수 있고, 불필요한 생각을 걸러내며 아이디어와 디자인 방향을 잡을 수 있다. 보드를 활용하면 머릿속에 갇힌 아이디어를 이끌어낼 수 있고, 실제 디자인 작업에 착수했을 때 많은 노력과 시간을 기울이지 않고도 사소한 변화를 주거나 디자인 방향을 바꿀 수도 있다. 여러 사람과 함께 작업할 때 이미지 보드가 있으면 의견을 명확하게 전달할 수 있다. 예를 들어 한 사람이 낭만적이라고 생각하는 것이 다른 사람 눈에는 다르게 보일 수도 있기 때문이다. 말로 하는 설명을 보강할 시각적인 이미지와 샘플 등을 정리하다 보면 보드의 내용은 훨씬 구체화된다. 보드를 사용하면 팀으로 일할 때 아이디어를 보다 쉽게 조율할 수도 있다. 특히 브랜드의 그래픽이나 웹 디자인을 도와줄 보조 요원을 고용할 때 보드가 있으면 유용하다.

이미지 보드가 꼭 필요한 이유!
WHY MAKE A CREATIVE BOARD?

- 보드는 창의력의 흐름을 원활하게 하는 데 유용하다.

- 보드는 흐릿한 색깔이나 모호한 아이디어를 정리하는 데 필요하다. 다른 크래프터와 자신을 어떻게 차별화할 것인가와 같은 구체적인 문제에 대한 해답도 찾을 수 있다.

- 자신이 무엇을 좋아하고, 그려내고 싶은지 안다고 해도 실제로 콘셉트를 명확히 하는 데 어려움을 겪곤 한다. 그럴 때 구상용 보드나 영감용 보드가 도움이 된다. 만일 디자이너에게 이미지 보드가 유용한지 묻는다면 대답은 항상 예스다.

- 보드는 작업자가 어떤 색깔을 선호하는지 파악할 수 있는 훌륭한 도구다. 디자인 초기 단계부터 콘셉트를 시각화하고 필요한 것을 명확히 파악하기에도 좋다.

아이디어는 잡지와 온라인에서 얻을 수도 있고, 동네 DIY 숍에서 가져온 천 조각이나 단추, 자수실 등 도움이 될 만한 아이템을 통해서 얻을 수도 있다. 보드에는 무료 엽서, 종잇조각, 벽지 샘플, 색깔 있는 마스킹 테이프, 스탬프, 스티커, 천 샘플 등 무엇이든 사용할 수 있다. 보드 만들기는 재미있고, 쉽고, 수작업이나 컴퓨터 작업 모두 가능하다. 게다가 대부분은 돈도 한 푼 들지 않는다는 사실!

우선 구상용 보드부터 만들어보자. 어떤 분위기로 꾸밀까, 소재는 무엇으로 할까, 또 보드를 통해 영감을 얻고자 하는 최종 목표 또는 꿈은 무엇인가? 나의 브랜드가 내게 무엇을 말하기를 원하는가? 내가 만든 상품과 웹사이트가 어떤 감성을 불러일으키기를 원하는가? 장난스러움과 명랑함? 따뜻함과 사랑스러움? 또는 화려함과 섬세함? 그 분위기를 어떻게 전달할 것인가?

일단 머릿속에 떠오르는 이미지와 아이디어, 찾아낸 물건을 모두 모아 바닥이나 판자, 큰 탁자 위에 늘어놓는다. 올려놓은 것들을 이리저리 움직이면서 어떻게 조화를 이루는지 살펴보자. 그런 다음 잡지에서 자신이 생각해낸 이미지가 담긴 페이지를 뜯어내거나 인터넷에서 찾은 그림을 프린트해 빈틈을 메우고 새로운 아이디어를 덧붙여 콘셉트를 정리한다. 내가 원하는 디자인의 미학을 표현할 수 있는 이미지를 찾아야 한다. 그림과 물건을 늘어놓다 보면 대개는 일정한 패턴이 드러난다. 내가 선호하는 특정 재료나 색깔이 눈에 들어오기도 한다. 가벼운 마음으로 놀이하듯 접근하면 콘셉트가 자연스럽게 형성되니 아이디어에서 한 발짝 떨어져 지켜보기만 하자. 흐름에 맞지 않는 것들은 뺀다. 늘어놓은 것들을 움직이면서 대비를 이루어보고 질감을 비교해보자. 흐름에 그저 몸을 맡길 때 행복한 우연을 발견할 수 있다.

다음 단계는 보드를 어디에 만들지 결정한다. 보기 쉽게 수직으로 세울 수 있는 평면이 이상적이다. 모양과 크기는 다양하게 선택할 수 있으니, 내용을 바꿀 수 있도록 핀을 꽂는 메모판이나 집게가 달린 메모판, 콜라주 형태로 재료를 붙인 포스터 또는 디지털 보드 등 여러 가지 중 하나를 선택하면 된다. 코르크 메모판이나 공작용 널빤지를 사용

할 수도 있다. 아니면 커튼용 와이어를 매달아두고 영감을 주는 것들을 클립에 매달아놓는 것도 대안이 될 수 있다. 빈 벽에 화지 테이프를 이용해 그림을 붙이거나, 컴퓨터를 활용해 가상의 이미지 보드를 만들어도 된다. 자석형 메모판이나 리본형 메모판을 만들 수도 있다.

온라인에서 보드를 공유할 때는 저작권을 침해하지 않도록 공개 이미지를 택한다. 저작권이 있는 이미지를 사용하고 싶다면 플리커에서 크리에이티브 커먼즈 라이선스가 부여된 이미지를 찾아보자(123쪽 참조). 보드의 사진을 찍어서 가지고 다니고, 방향을 잃지 않도록 수시로 관찰한다.

영감용 보드는 브랜드 그래픽에 대한 영감을 얻기 위해 사용한다. 동경하는 예술 작품, 좋아하는 인쇄물, 섬유 또는 마음에 드는 무늬도 소재가 될 수 있다. 인용 문구나 브랜드를 상징하는 단어를 넣을 수도 있다. 일반적으로 보드 자체는 예술 작품이 아니라 영감을 주는 이미지와 아이디어의 집합체가 되어야 하지만, 그렇다 하더라도 보기 좋은 보드를 만들고 싶은 것은 당연하다. 그럴 때는 보드에 붙일 이미지를 잘 분류하고 자른다. 큰 그림은 바탕에 잘 어울리고, 부착물의 크기를 다양하게 하면 대단히 효과적인 보드를 만들 수 있다. 많은 것을 붙일 필요가 없다는 점을 잊지 말자. 나만의 이야기를 만들어낼 수 있는 몇 가지 재료면 된다.

이번에는 작업실의 브랜드를 만들어보면 어떨까? 물론 여기서 말하는 브랜드 만들기란 간판이나 배너를 달자는 뜻이 아니다. 작업실 브랜드는 이 책에 소개한 크래프터들의 경우처럼 훨씬 단순하게 만들 수 있다. 예를 들면 비키 트레이너(97쪽 참조)의 브랜드는 밝고 대담한 원색이 특징이고, '위트 앤드 휘슬' 명함의 깨끗한 선은 잘 정돈된 작업실과 깔끔한 선 처리를 반영한 것이다.

필자의 브랜드 '토리 제인'을 아는 사람들은 필자가 즐겨 쓰는 파스텔컬러, 빈티지 터치를 가미한 현대적 스타일에도 익숙할 것이다. 필자의 작업실에도 마찬가지로 아크릴 서랍과 빈티지한 수납용 캐비닛, 스테인리스 스틸로 가장자리를 처리한 현대적인 선반과 특이한 모양의 유리병을 나란히 놓아두었다.

모든 아이디어와 이미지를 늘어놓으면 자주 쓰는 색의 범위를 좁힐 수 있고, 서로 다른 색조와 분위기가 어떻게 어우러져 다음 작업 프로젝트와 브랜드에 영감을 주는지 알 수 있다.

토리 제인의 브랜드 스타일은 빈티지한 터치를 가미한 모던함이다. 이러한 경향을 담아내기 위해 로고는 아주 깨끗하고 심플하게 만들었다. 새 그림도 필자의 구상용 보드에서 영감을 얻어 만든 것이다.

TIPS

- 뜯어낸 잡지는 끝 부분이 쉽게 찌그러지므로,
  최상의 결과를 얻고 싶다면 그림을 인쇄하는
  것이 좋다. 인쇄를 하면 그림 크기도 조절할 수
  있다.

- 스프레이 접착제는 두꺼운 종이를 붙일 때 쓰면
  좋다. 단, 반드시 통풍이 잘되는 곳에서 사용하고,
  신문지를 바닥에 깔아 주변이 지저분해지지
  않도록 한다.

- 핀을 좋아하지 않는다면 자석을 사용한다.
  자석판은 중고 물품점이나 DIY 숍에서
  구입할 수 있다.

- 인근 철물점에서 페인트 색상표를 얻어 오면
  색깔에 대한 영감을 얻는 데 도움이 된다.

- 시각적 이미지에만 집착하지 말고, 어떤 분위기나
  질감을 연상시키는 것이라면 무엇이든지 보드에
  넣자.

- 창작 보드를 만드는 단 한 가지 규칙은 규칙이
  없다는 것이다. 상상력의 고삐를 완전히 풀어보자.

아이디어 보물 창고
영감을 얻을 수 있는 재료
INSPIRATIONAL MATERIALS
• 글자
• 시
• 뜯어낸 잡지
• 리본
• 실
• 비즈
• 단추
• 작은 장난감
• 액세서리
• 말린 꽃
• 지도
• 기차표, 비행기표, 콘서트 티켓
• 조개껍질
• 특정 분위기를 상징하는 모든 것

엘리즈 메이저 ELYSE MAJOR

엘리즈 메이저는 팅커드 트레저Tinkered Treasures라는 브랜드의 창시자다. 어릴 때부터 수공예품 만들기를 좋아했던 엘리즈는 커뮤니케이션 컨설턴트, 엄마이자 주부 역할을 하면서도 예술에 대한 열정을 쏟으며 살고 있다.

"저는 자신이 사랑하는 일을 하는 사람들을 보면서 영감을 얻어요. 대규모의 크래프트 박람회를 주최하는 작가를 보면서 감탄할 때, 또는 제 아이들이 자기만의 만화책 캐릭터를 만들어내는 모습을 볼 때처럼요. 벽에 붙이는 접착식 메모지부터 전화기 메모장까지 제 아이디어는 어디에나 담겨 있어요."

몇 년 전 DIY 경험을 소개하는 블로그를 오픈한 뒤 엘리즈는 창작에 대한 스스로의 열정을 다시 한 번 확인했다. 《팅커드 트레저》라는 책을 내 작가로서도 성공한 엘리즈는 〈로맨틱 홈Romantic Homes〉, 〈로맨틱 컨트리Romantic Country〉, 〈프렌치 컨트리 스타일French Country Style〉 등의 잡지에 정기적으로 기고하기도 한다. 미국 로드아일랜드에서 엄마를 닮아 창의력이 뛰어난 아들 둘을 키우며 살고 있다.

포인트 압정 DECORATIVE PUSH PINS

영감을 주는 보드에 메모, 종이 또는 아이디어 재료를 붙일 때 아래 사진처럼 여러 모양의 압정을 만들어 사용해보자.
다양한 색깔의 새와 꽃, 또는 나만의 브랜드 상징으로 브랜드의 독특함과 색채감을 살릴 수 있다.

준비물

- 압정
- 브랜드 이미지를 대표하는 플라스틱 장식
- 순간접착제

장식을 선택할 때는 색깔과 브랜드 디자인을 충분히 고려한
다. 크기는 작지만 작업실을 브랜드 특유의 분위기로 가득
채우는 데 아주 효과적이다.

압정 크기는 부착할 장식보다는 작아야 한다. 압정 윗면에
순간접착제를 발라 장식을 붙인 후 말리기만 하면 된다.

TIPS

- 대형 크래프트 재료상에서 구할 수 있는 실리콘
  몰드와 공작용 점토를 사용해 원하는 모양의
  장식을 직접 만들 수도 있다(130쪽 참조).

toriejayne.blogspot.com/
toriejayne@gmail.com
www.etsy.com/ToriieJayne
twitter.com/#!/ToriieJayne
www.etsy.com/toriejayne
pinterest.com/toriejayne
www.flickr.com/photos/toriejayne
www.facebook.com/Torie.Jayne
TORIE JAYNE

CHAPTER 2

모든 것은 이름에 달렸다

브랜드 구축하기

중요한 것은 개성이다. 강렬한 브랜드 이름과 디자인, 다양한 SNS에서 힘을 발휘하는 온라인 프로필, 전문가 수준의 사진, 스타일리시한 포장재와 종이 디자인 등으로 브랜드를 확실히 차별화할 수 있다. 이 장에서는 한눈에 알아볼 수 있는 브랜드, 새 손님의 관심을 끌고 단골손님이 다시 찾는 브랜드 만드는 방법을 소개한다.

어떤 아이템으로 시작해야 할까? ······················· 46

남다른 사업 계획 세우기 ····························· 48

나만의 브랜드 만들기 ······························· 50

브랜드에 색깔 입히기 ······························· 54

이름 따라 달라지는 브랜드의 모든 것! ··················· 59

아바타 디자인 ································· 60

어떤 아이템으로
시작해야 할까?

시장조사는 어떤 사업에서든 기초가 되는 동시에 중요한
요소라 할 수 있다. 사업을 시작할 때 가장 먼저 할 일이
바로 시장조사다. 시장조사를 하면 어떤 제품이 인기를
끌지, 또는 어떤 기존 사업이 앞으로도 성공을 거둘지 알
수 있다. 이런 일은 대기업에만 허락된 사치인 것 같고 수
수께끼처럼 어렵게 느껴질 수도 있지만, 사실은 그렇지 않
다. 시장조사는 사람들이 무엇을 얼마나 사고 싶어 하는
지 알아보고, 내가 그 요구에 부합할 수 있는지 판단하는
과정이다. 수집한 데이터를 정확히 분석하고 평가하는 과
정 자체가 시장조사인 것이다. 구체적인 질문을 던지고 얻
은 답을 분석하다 보면 포장 디자인이나 배송 방식을 바
꿀 필요가 있다는 사실도 알게 되고, 직접 만든 상품을 판
매할 가장 좋은 장소를 찾을 수도 있다.

시장조사 결과는 크래프트 사업을 시작하고 마케팅 계획
을 수립하는 데 사용할 수도 있고, 이미 세운 계획의 성공
가능성을 가늠해보기 위해 사용할 수도 있다. 대규모 계획
에서 오류를 발견했다면 초기에 수정하는 것이 한참 후에
수정하는 것보다 훨씬 쉽다. 시장조사를 할 때 정확한 질
문을 꼭 필요한 사람에게, 알맞은 방식으로 던져야 하는
이유는 바로 그 때문이다. 사업을 하고자 한다면 사람들이
원하는 것이 무엇인지, 어떤 고객층을 타깃으로 할지, 잠재
고객에게 어떻게 상품을 선보일지, 단골 고객은 어떻게 지
켜야 할지 알아야 한다. 허술하게 조사하면 사업이 잘못된
방향으로 흘러갈 수 있는 만큼, 시장조사 결과가 내가 원
하거나 기대했던 것과 일치하지 않는다고 해서 겁먹을 필
요는 없다. 적응하는 것도 하나의 과정이기 때문이다. 또
사람들의 의견은 늘 그대로가 아니라 시간이 지나면 바뀔
가능성이 높으므로 창업 단계와 이후 운영 단계 등 여러
단계에서 시장조사를 다시 할 필요가 있다.

시장조사에는 크게 1차 조사와 2차 조사가 있다.

- 1차 조사는 사람들에게 얻은 정보를 분석하는 작업이다. 전화, 이메일, SNS 플랫폼이나 직접 대화를 통한 인터뷰, 설문지 또는 여론조사의 형태가 될 수 있다.
- 2차 조사는 이미 다른 누군가가 수집해 보고서나 기사의 형태로 공개한 정보를 얻는 것이다.

불필요한 비용과 귀중한 시간을 낭비하지 않으려면, 시장조사를 하기 전에 꼭 피해야 할 실수와 조사 착수에 필요한 몇 가지 질문을 알아두자.

설문 조사 SURVEYS

설문 조사는 잘만 하면 큰 도움이 된다. 설문 조사를 성공적으로 이끄는 비결은 무엇일까? 첫 번째 제안은 서베이몽키(www.surveymonkey.com)처럼 보고 기능과 데이터 분류 기능까지 갖춘 온라인 설문 조사 툴을 이용하는 것이다.

조사에 사용할 질문을 작성할 때는 이 질문에 대한 답이 정말로 필요한지 자문해본다. 설문은 짧고 재미있으며 간결하고 구체적이어야 한다. 응답자의 연령과 거주 지역 등 통계 처리를 위해 필요한 질문도 잊지 않는다. 응답자가 끝까지 관심을 갖고 응답할 수 있도록 진행률을 표시하는 그래프도 덧붙이자. 설문 조사를 시작할 때 예상 소요 시간을 안내하고, 질문은 주관식의 형태로 작성해 응답자가 선입견 없이 실제 생각하는 대로 답할 수 있도록 한다.

1차 조사를 끝내고 데이터 수집을 완료하면, 결과를 면밀히 분석하고 여기에서 배울 점을 정리한다. 이 정보를 바탕으로 크래프트 사업 아이디어를 보다 성공적으로 발전시킬 수 있을 것이다.

남다른 사업 계획 세우기

성공하려면 계획을 세워야 한다. 계획은 성공을 위한 일종의 로드맵이라고 할 수 있다. 성공을 하려면 어디로, 또 어떻게 가야 할지 알아야 하기 때문이다. 사업 계획을 세우면 어떤 정보가 필요한지 알 수 있어 시장조사에 큰 도움이 된다.

크래프트 사업을 시작하는 일은 온종일 취미 생활을 하는 데서 한 단계 더 나아가는 것이다. 크래프트 제작과 판매에 직업적으로 접근하는 것은 꿈을 현실로 실현하는 길이다. 물론 열정은 있겠지만, 흥미를 뒷받침할 확실한 계획을 세우는 일은 무척 중요하다.

우선 하고 싶은 일이 무엇이고 이를 어떻게 실행에 옮길지 개괄적으로 정리하는 근사한 사업 계획서를 작성해야 한다. 계획을 잘 세울수록 성공 가능성도 높아지기 때문이다.

어쩌다가 그저 우연히 돈방석에 앉는 사람은 거의 없다.

사업 계획을 잘 세우면 정신을 집중하고 사업 아이디어를 명확히 하며 장기 목표를 정하는 데도 큰 도움이 된다. 꼼꼼한 사업 계획은 사업 운영의 청사진을 제시하는 한편, 중간중간 성과를 체크하기 위한 기준이 되어준다.

사업 계획의 가장 기본적인 형태는 내가 할 사업의 미래에 대해, 어떤 일을 어떻게 하고자 하는지 글로 쓰는 문서 형태다. 보통은 향후 5년 정도를 내다보고 작성하며, 수입을 어떻게 늘릴지 대략적인 방법도 담는다. 이 문서는 사업을 키워가면서 계속해서 다시 꺼내 보아야 할 유용한 자료로, 잘 작성해두면 꿈을 이루는 순간까지 지속적인 지침서 역할을 해줄 수 있다.

애너벨 오잔 ANNABELLE OZANNE

애너벨 오잔은 '스리 레드 애플즈Three Red Apples'라는 텍스타일 아트워크 브랜드의 창립자다. 그녀가 만들기에 대한 열정을 키운 곳은 고향인 프랑스 브르타뉴에 있는 아버지의 공방이다. 인생의 전환점을 맞은 시기에 새로운 일자리를 찾던 애너벨은 재봉틀로 놓는 기계 자수에 대해 알게 되었다.

> "크래프트는 제가 중요하게 생각하는 전통적 기술의 생명을 유지해주죠. 이 세상에는 신기술과 오래된 전통 기술이 조화롭게 어우러질 수 있는 분야가 얼마든지 있어요."

예전 웹 디자이너로 일할 때는 컴퓨터를 도구로 썼지만, 그녀는 손으로 직접 하는 창작을 동경했다. 바늘로 그림을 그리는 것을 좋아해 밑그림을 그려 수를 놓았고, 지루한 수놓기 작업 자체에 금세 중독되었다. 나중에는 빈티지 패브릭의 패턴과 느낌을 강조하기 위해 물감을 사용한 디자인 작업도 추가했다. 애너벨은 현재 영국 데번에 거주하고 있다.

나만의 브랜드 만들기

브랜드라고 하면 기업 문화와 연관된 거창한 단어처럼 들려 겁먹기 쉽다. 그렇지만 브랜드 만들기는 그렇게 어려운 일이 아니다. 간단히 말하면 브랜드는 고객에 대한 약속이다. 브랜드는 고객이 내 사업, 내가 제공하는 제품에 대해 갖는 전반적인 인상이다. 고객과 교류할 때마다, 브랜드는 나와 내 제품에 대한 고객의 기대치를 결정한다.

브랜드를 전파한다는 것은 브랜드에 생명력을 부여해 세상에 소개하는 일이다. 크래프터로서 브랜드 이름과 로고를 가지고 있다면 언젠가는 브랜드 자체로서 존재하고 함께 호흡하는 스스로를 발견하게 될 것이다. 어디에 가든지, 무엇을 하든지 나의 모든 행동은 브랜드를 대표하며, 대중을 이끌어 브랜드에 접근하고 참여하도록 한다. 브랜드를 전파하는 데는 온·오프라인을 막론하고 개인적으로, 전문적으로, 사회적으로, 그 밖에 모든 방법을 동원할 수 있다. 나 자신이 그동안 꿈꿔온 브랜드 자체로서 브랜드의 철학을 전파하게 된다. 브랜드란 결국 나 자신을 말해주는 도구이기 때문이다.

내 브랜드는 다른 크래프터와 나 스스로를 차별화하는 사업의 초석이다. 잘 알려진 여러 크래프터의 브랜드는 모두 한 가지 공통점이 있는데, 바로 해당 크래프터의 개성이 브랜드로 확대되었다는 점이다. 그래서 이 장에서는 성공한 크래프터의 개성이 어떻게 브랜드에 자연스럽게 녹아들었는지 살펴본다. 차별화의 포인트는 크래프터 자신과 그가 만든 제품의 독특함이라는 것을 잊지 말자. 가능한 한 모든 방식을 동원해 그 독특함을 강조해야 한다. 나만의 색깔이 '빛을 발하는' 것을 두려워하지 말자.

나만의 이야기를 담고 있는 브랜드 디자인하기 DEFINING YOUR BRAND

제품 포장재나 온라인 프로필, 명함 등 다양한 곳에서 시각적으로 브랜드를 대표할 브랜드 아이덴티티 구성 요소를 디자인해보자. 로고, 색상표, 테마, 글씨체 등이 여기에 포함된다. 이렇게 정한 것들을 모든 곳에 사용해 사람들로 하여금 꾸준히 내 브랜드에 주목하도록 만든다. 시간이 지나면 브랜드 인지도와 식별도, 충성도와 지지도가 높아진다. 브랜드가 응집력이 있고 매력적일수록 사람들이 내 숍을 둘러보고, 블로그를 방문하고, SNS에서 나를 '팔로'하거나 '좋아요'를 누를 가능성이 커진다.

우선 아이디어, 단어, 이미지, 이름, 색깔, 인쇄지, 포장지 등 모든 것을 망라하는 영감용 보드를 만들어보자. 크래프트 사업과 관련 있는 것은 무엇이든 덧붙여도 좋다. 화지 테이프를 이용해 빈 벽에 내용물을 붙이거나, 핀을 꽂는 메모판이나 큰 스크랩북을 이용해도 좋다. 다른 브랜드의 형태나 스타일을 베껴서는 안 된다. 그렇지만 다른 사람의 브랜드를 살펴보고 좋은 아이디어를 얻을 수는 있다.

다음 단계는 크든 작든 크래프트 사업의 모든 것을 보여주는 흥미로운 브랜드 비전에 대해 영감을 주는 대표적 이미지가 완성될 때까지 내용물을 조금씩 더하고 뺀다. 내 브랜드를 통해 전달하고자 하는 바가 무엇인지 생각해보자. 그래픽은 말이 없이도 이야기를 할 수 있게 될 것이다. 매장 스타일을 묘사할 수 있는 단어를 메모하는 것도 좋다.

브랜드는 제품과 매체에 따라 다양한 형태로 나타날 수 있지만, 그렇다 하더라도 총체적으로 작용해 제품을 한눈에 알아볼 수 있게 해야 한다는 점을 기억하자.

1 자연스럽게 끌리는 물체와 색깔을 활용해 영감용 보드(36쪽 참조)를 만든다.

2 선택한 색깔을 살펴보고 샘플을 활용해 색상표를 만든다.

3 브랜드를 상징하는 물체와 특성을 골라 로고를 만든다. 스스로에게 영감이 될 수 있는 것이라면 단순한 형체도 좋고 아주 복잡한 그래픽도 좋다.

4 디자인을 배너로 만들어 온라인 사이트와 명함에 활용한다.

타비타 에마의 시그너처 단추 모음(113쪽 참조)

아만다 라이트의 벌집 그림 엽서(58쪽 참조)

크래프터 스타일
CRAFTERS' STYLES

- "유치하고 엉뚱한 면이 있는 로맨틱한
  페미닌 록 스타일이에요."
  마틸루 안 크레시 _ 107쪽

- "귀여운, 말괄량이 같은, 멜랑콜리한,
  파스텔 톤의, 간단명료하고도 힘 있는 스타일."
  걸리 페인즈 멜 스트링어 _ 75쪽

- "깨끗함, 심플함, 유기성."
  위트 앤드 휘슬 아만다 라이트 _ 58쪽

- "때로는 약간의 유머도 있는 기발하고
  다양한 스타일이에요."
  스리 레드 애플즈 애너벨 오잔 _ 49쪽

- "제 스타일은 예술과 크래프트가 가미된
  플로럴한 스타일이에요. 고쳐 쓰고 다시 쓰는
  1940년대의 윤리 의식과 패브릭을 활용한
  꽃 장식에 대한 개인적 열정의 반영이기도 하고요."
  비키 트레이너 _ 97쪽

애너벨 오잔의 자수 제품(49쪽 참조)

스튜디오 스노퍼프 STUDIO SNOWPUPPE

종이접기 램프 회사인 스튜디오 스노퍼프의 숨은 주역은 넬리아나 판 덴 바르트, 케네스 페넌보스, 플뢰르 판 두셀 도르프 등 세 명이다. 넬리아나는 지구환경을 생각하는 아름다운 제품 만들기를 추구하는 건축가로, 아버지에게 종이접기의 미학을 배웠다. 케네스는 자연에서 영감을 얻는 산업 디자이너, 플뢰르는 베이킹을 좋아하는 도시계획가 출신의 종이 기술자다.

> "모든 디자인은 퍼즐과 같아요. 일단 시작하면 다 맞출 때까지 멈출 수 없죠."

스노퍼프에서는 은은하게 빛을 퍼뜨리는 양피지 전등갓을 만든다. 평평한 종이를 섬세하고 정확하게 접어 복잡하고 조형적이며 기하학적인 전등갓을 완성한다.
스노퍼프의 동료들은 고양이 준, 에일라와 함께 헤이그의 스튜디오에서 일하며, 최소한의 자원과 자연 재료로 아름다운 전등갓을 디자인하고 생산해 전 세계에 배송한다.

브랜드에 색깔 입히기

브랜드의 이미지를 대표하는 핵심 요소 중 하나는 바로 색깔이다. 로고, 웹사이트 첫 화면, 상품 등 모든 곳에 브랜드의 색깔을 입히면 브랜드의 임팩트를 최대치로 끌어올릴 수 있다.

색상은 저마다 다른 느낌을 지니며 다른 것들을 연상시킨다. 브랜드의 색은 그 브랜드에 대해 특정한 감정과 느낌을 불러일으키므로, 나의 정체성을 효과적으로 드러내는 색을 선택하는 것이 무엇보다 중요하다. 브랜드의 색채를 통해 내가 누구이고 어떤 제품을 지향하는지 잠재 고객에게 전달할 수 있어야 하기 때문이다.

영감용 보드를 만들 때 자연스럽게 끌리는 색이 무엇인지, 어떤 색이 보드에 가장 자주 등장하는지, 크래프트 작업을 할 때는 어떤 색을 주로 쓰는지 생각해보자. 보고 있으면 기분이 좋아지는 색은 무엇인가? 그다음에는 근처 철물점에서 페인트 색상표를 구해 해당되는 색조를 모으거나 디자인 소프트웨어를 활용해 가상의 컬러 팔레트를 만들어보자.

그런 후 브랜드에 어울리는 색깔 4~6가지를 골라 컬러 팔레트의 범위를 좁혀나간다. 기본적인 색을 1~2가지 고르고 포인트로 사용할 색을 3~4가지 고르면 된다.

골라낸 색깔을 테이프나 핀으로 붙여놓은 후 끊임없이 자문한다. 이 색들이 내가 만든 제품의 느낌이나 내가 전하고 싶은 이미지를 가장 잘 표현하는가? 브랜드를 통해 표현하고자 하는 감성이 이 색에 반영되어 있는가? 잠재 고객의 성별과 연령대에 적합한 색인가?

컬러 팔레트의 색깔과 그것이 상징하는 바가 마음에 들 때까지 반복해서 팔레트를 수정하자. 블로그 디자인, 로고, 포장재 등 모든 곳에 완성된 팔레트의 색깔을 사용한다. 이때 반드시 팔레트에 있는 색깔만 사용하자. 이렇게 하면 프로 수준의 브랜드 팔레트를 완성할 수 있다.

색채학 용어 알아보기
COLOR TERMINOLOGY

암청색shade
어떤 색상을 어둡게 하기 위해 검은색을 섞을 때
형성된다.

탁색tone
색상에 회색을 더해 색의 강렬함을 낮출 때 형성된다.

명청색tint
순색에 흰색을 더해 밝게 할 때 형성된다.

강조색accent color
색상표에 포인트를 주거나 강조 효과를 높이기 위해
소량으로 사용하는 색이다.

원색 PRIMARY COLORS

원색은 어떤 색으로도 만들 수 없는 적색, 황색, 청색의 세
가지 기본색이다.

보색 COMPLEMENTARY COLORS

색상환에서 한 가지 색을 고르고, 이 색에서 색상환을 가로
질러 직선을 그려보자. 이때 만나는 색이 서로의 보색이다.
보색 관계인 두 색은 기본적으로 서로 반대되며, 대조를 이루
어 서로를 강조하는 역할을 한다. 색상환을 자세히 보면 주로
왼쪽의 색이 따뜻하거나 뜨거운 느낌의 색, 오른쪽의 색이 차
갑거나 시원한 느낌을 준다는 것을 알 수 있다.

중간색 SECONDARY COLORS

동일한 양의 원색 두 가지를 섞어 얻는 보라색, 녹색, 주황
색을 말한다.

삼차색 TERTIARY COLORS

원색과 등화색을 2:1 비율로 섞었을 때 나오는 색을 말한다.
다홍색(적색+주황색), 청록색(청색+초록색) 등이 있다.

유사색 ANALOGOUS COLORS

색상환에서 바로 옆에 붙어 있는 색이 유사색이다. 유사색
중 한 가지 색은 주조색으로 사용하고 나머지 한 가지는 색
조를 풍부하게 하기 위해 사용한다.

삼색 대비 TRIAD COLORS

색상환의 한 색을 꼭짓점으로 해 정삼각형을 그렸을 때 다
른 두 꼭짓점을 이루는 색과의 관계를 말한다. 삼색 대비 색
조는 색상 간의 균형과 풍부함을 유지하면서도 강렬한 시각
적 대조를 이룬다.

색의 느낌에 따른 분류 FEELING AND ASSOCIATIONS

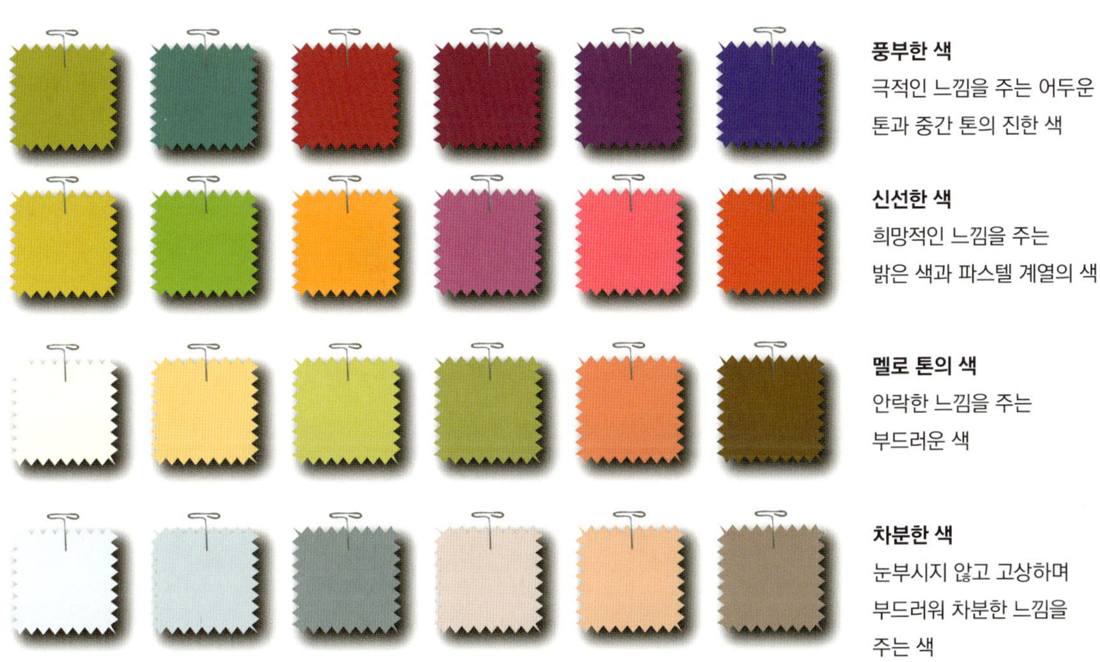

풍부한 색

극적인 느낌을 주는 어두운
톤과 중간 톤의 진한 색

신선한 색

희망적인 느낌을 주는
밝은 색과 파스텔 계열의 색

멜로 톤의 색

안락한 느낌을 주는
부드러운 색

차분한 색

눈부시지 않고 고상하며
부드러워 차분한 느낌을
주는 색

아만다 라이트 AMANDA WRIGHT

지류 제품 브랜드 '위트 앤드 휘슬' 창립자인 아만다는 대
학을 졸업한 후 3년 동안 회사에서 디자이너로 일했지만,
디자이너 일은 그녀의 창작욕을 해소하기에는 부족했다.
클라이언트를 위해 여러 번 수정하고 변경하다 보면 최종
디자인을 스스로도 알아보지 못할 지경이 되어버리는 것
에 낙담한 그녀는 투잡으로 자신만의 지류 제품 디자인을
시작했다. 위트 앤드 휘슬은 위트 있는 디자인의 축하 카
드와 휘파람이 절로 나오는 지류 제품을 선보인다. 일러스
트와 디자인은 모두 아만다가 직접 담당한다.

> "휘파람 불고 싶은 위트 있는 디자인의 축하 카드
> 를 만든다는 뜻으로 브랜드 이름을 지었어요."

신제품을 개발하지 않을 때도 아만다는 스케치북에 무엇
인가를 그리거나, DIY 프로젝트를 구상하거나, 정원에서 손
에 흙을 묻히기도 하고 취미 삼아 사진 촬영, 요리, 베이킹
등을 하며 열정과 아이디어로 가득한 인생을 살기 위해 노
력한다. 아만다는 남편과 두 마리의 애완견과 함께 미국 노
스캐롤라이나 주 캐리의 독특한 세모꼴 주택에 살고 있다.

이름따라 달라지는
브랜드의 모든 것!

나만의 브랜드 이름은 내가 시장에 투사하고자 하는 이미지를 반영해야 한다. 기억하기 쉽고 발음하기도 쉬운 이름을 골라야 하며, 누군가 이미 사용 중인 이름은 아닌지 조사를 철저히 하고 웹사이트 주소와 SNS ID로도 사용 가능한지 확인한다. 브랜드 이름을 브랜드 이미지, 포장재, 명함 등에 어떻게 적용할지 충분히 시간을 갖고 연구한다. 띄어쓰기 없이 이름을 써보고, 이메일 주소나 SNS ID로 사용했을 때 어떤 느낌이 드는지도 확인해보자. 브랜드 이름은 고객의 감성을 자극하고 호기심과 흥미를 불러일으킬 수 있어야 하며, 경쟁 상대와 구분되고 고객이 기억하기 쉬워야 한다.

"저는 제 이름을 사용하기로 했어요. 어떤 분야에서나 쓸 수 있으니 자유롭게 작업 분야를 바꾸는 것이 가능할 테니까요. 창작자로서 스스로를 홍보하기에도 좋아요."

타비타 에마 타비타 에마 브레이

브랜드 이름의 종류 NAME TYPES

- 묘사적인 이름 – 무엇을 판매하는지 명확하게 설명하는 이름. 예컨대 '휘트니 스미스 포터리 Whitney Smith Pottery'는 당연히 휘트니 스미스가 판매하는 도자기라는 뜻이다.

- 암시적인 이름 – 판매하는 물건의 종류를 넌지시 드러내는 이름. 예를 들어 비키 트레이너의 크래프트 브랜드인 '더 빈티지 드로어'는 빈티지한 패브릭과 부자재를 사용한다.

- 기발한 이름 – 특별한 내재적 의미가 전혀 없거나, 실제 단어를 문맥과 무관하게 나열해 만든 이름. 이를테면 앤 크레시의 브랜드 '마틸루Matilou'는 앤의 아이들 마티스와 루의 이름을 합쳐 만든 것이다.

- 내 이름 – 이름 전체를 써도 좋고, 이름과 가운데 이름, 이름과 성, 또는 이 세 가지 조합을 모두 사용할 수도 있다. 예를 들어 타비타 에마 브레이의 브랜드 이름은 '타비타 에마'다.

"제가 쓰던 오래된 천과 리넨, 반짇고리는 전부 키가 크고 낡은 찬장 안에 들어 있었어요. 찬장 맨 위에 서랍이 하나 있는데 거기에 '더 빈티지 드로어The Vintage Drawer'라는 이름을 붙였죠. 그러다 보니 자연스럽게 그 서랍 이름이 브랜드 이름이 되었어요. '리넨 가든 Linen Garden'은 제 블로그 이름이면서 제가 운영하는 온라인 양재 재료 쇼핑몰 이름이기도 해요. 제 스튜디오의 애칭이기도 하고요."

더 빈티지 드로어 비키 트레이너

"저는 제 크래프트 작업 스타일을 항상 팅커(tinker: 만지작거리다, 살짝 손보아 고치다)라는 동사로 설명해요. 제 작업은 대부분 새로운 것을 만드는 것이 아니라 있는 것을 예쁘게 다듬는 과정이니까요. 두운 맞추기를 좋아하다 보니 팅커 다음에는 자연스레 '트레저(treasure: 보물)'라는 말이 따라오게 되었고요."

팅커드 트레저 엘리즈 메이저

아바타 디자인

아바타는 SNS에서 브랜드의 대표 이미지로 사용하는 정 사각형의 사진 또는 그림을 말한다.

페이스북, 트위터, 엣시에서는 프로필 사진, 핀터레스트 Pinterest에서는 사진, 플리커에서는 버디 아이콘이라는 이름으로 부르지만, 의미는 모두 같다. 아바타는 온라인 SNS에서 나를 나타내는 신분증과 같다. 트위터 메시지와 페이스북 포스팅, 블로그 댓글 바로 옆에 나타나는 이미 지이기 때문에, 잠재 고객이 처음 접하는 브랜드 이미지가 될 확률이 높다. 따라서 아바타는 SNS 활동에서 아주 중 요한 요소라고 할 수 있다.

아바타는 페이스북 팬, 트위터 팔로어와 고객이 수많은 SNS 업데이트를 훑어보다가도 바로 알아볼 수 있을 만큼 익숙한 이미지여야 한다. 모든 SNS 사이트에서 똑같은 아 바타를 사용해 일관성 있고 전문가적인 브랜드라는 인식 을 심어주자.

팔로어에게 나의 이미지를 각인시키기를 원한다면 프로필 사진을 자주 바꾸고 싶은 충동을 이겨내야 한다. 맥도날드

브랜드에서 아치 두 개를 빼거나 색깔을 바꾼다면 어떻게 되겠는가? 대신 지루해지지 않을 수 있도록 본인이 좋아 하는 사진, 그림 또는 그래픽을 고른다.

블로그에 댓글을 달 때 자동으로 프로필 사진을 첨부하도 록 도와주는 훌륭한 웹사이트가 있다. 바로 그라바타닷 컴gravatar.com이라는 곳이다. 우선 워드프레스wordpress. com에 회원 가입을 한 후 프로필 사진을 올리고 이메일 주소를 입력한다. 그럼 어디서든 블로그에 댓글을 달면서 이메일 주소만 입력하면 자동으로 그라바타에 올려놓은 프로필 사진이 나타난다. 브랜드의 일관성을 유지하는 또 하나의 훌륭한 방법이다.

아바타로는 무엇을 사용해야 할까? 자신의 사진에서부터 브랜드 로고까지 다양한 의견이 있다. 어떤 사람들은 사진 을 사용하면 너무 작게 나올 수도 있다는 것 말고는 문제 가 없다고 말하는 반면, 일부는 로고가 훨씬 금방 알아보 기 쉽다고 주장한다. 또 어떤 사람들은 로고가 친밀감을 주지는 않는다며 얼굴이 있어야 친밀감이 형성된다고도 말한다. 어쨌든 가장 중요한 것은 아바타를 만들 때는 계 획을 면밀히 세워야 하며, 아바타에 사용하는 사진이나 그 래픽, 글자나 로고 등 모든 것이 브랜드를 뒷받침해야 한 다는 점이다. 잘 나온 개인 사진을 사용할지, 예쁘게 디자 인한 로고를 사용할지 결정하는 것은 각자의 몫이다.

사진을 사용할 때는 고화질로 사용한다. 특히 전문 사진가의 도움을 받을 것을 권한다. 전문 사진가의 도움을 받으면 내가 몰랐던 스스로의 독특한 개성을 포착할 수 있다. 전문 사진가를 고용할 만큼 예산이 충분하지 않다면 안목이 뛰어난 지인에게 부탁하자. 사진은 선명하고 깔끔해야 하며, 프로다운 느낌을 주되 다가가기 힘든 이미지를 풍겨서는 안 된다. 사진을 보는 사람들과 관계를 맺고 함께 일하고 싶은 마음을 전달하는 기분으로 카메라에 눈을 맞추고 웃으며 사진을 찍는다.

잘 만든 제품의 사진을 사용할 때는 깨끗한 뉴트럴 계열 색의 배경을 사용해 제품이 확실히 눈에 띄도록 한다.

로고나 그래픽을 프로필 사진으로 사용할 때는 축소했을 때도 심플하고 선명하면서도 기억하기 쉽도록 해야 한다.

사진을 사용하든 로고를 사용하든, 이 작은 정사각형의 이미지 속에 나의 브랜드가 담겨 있어야 한다. 브랜드 컬러와 스타일을 사용하자. 나와 내 브랜드를 아는 사람들이 한눈에 알아볼 수 있도록 눈길을 끄는 이미지가 필요하다.

시선을 끄는 아바타 이미지 세 가지(개인 프로필 사진, 브랜드 로고, 제품 컷).

CHAPTER 3

크래프트 + 비즈니스

온라인 홍보 A to Z

브랜드를 만들었다면, 당연히 판매할 제품도 준비했을 테니, 이제는 시장으로 나갈 차례다. 온라인, 크래프트 박람회, 오프라인 매장, 전통 시장 또는 일회성 행사나 전시회 등 시장의 종류는 다양하다.

판매의 기술, 어디서 판매할까? ··································· 64
온라인 숍 배너 디자인 ··· 66
제품 사진 멋지게 찍는 법 ·· 69
차별화된 '태그' 작성하기 ·· 74
마음을 사로잡는 고객 서비스 ···································· 76
제품 가격, 어떻게 정해야 할까? ································· 78
기본 중의 기본, 결제 처리 ······································· 82
신속하게 정확하게 배송 완료! ···································· 83
브랜드를 어필하는 또 하나의 방법, 포장 ························ 84

판매의 기술,
어디서 판매할까?

전통적인 크래프트 제품 판매처는 지역사회의 예술품 박람회, 지역별 크래프트 박람회나 갤러리 등이다. 하지만 이제는 온라인 판매자가 수백만 명에 달한다. 인터넷을 통해 수입의 대부분을 올리는 크래프터도 있고, 용돈 정도의 적은 수입만 올리는 사람들도 있다. 둘 중 어떤 경우라도 판매처를 다양화하기 위해 온라인 판매를 검토할 가치는 분명히 있다. 하지만 온라인 중에서도 어디에서 판매할지 정하는 일은 위험한 모험이 될 수 있으니, 크래프트 판매자를 위한 세 가지 중요한 옵션을 소개한다.

우선 크래프트에 초점을 맞추어 만든 크래프트 매매 전용 전자 상거래 웹사이트를 사용하는 것이 일 년 내내 매출을 올리는 데 비용 대비 최고의 효과를 내는 방법이다. 기본적으로 판매자가 판매할 크래프트 목록을 포스팅하면 구매자는 마음에 드는 물건을 찾아 구매하는 방식이다. 웹사이트는 다양한 판매자를 한곳에 모아 거래를 활성화하는 역할을 한다. 결제 대금 처리 방식을 지원하는 경우도 많다. 이 중 어떤 사이트를 선택할 것인가? 노출도를 높이기 위해 여러 사이트에서 동시에 판매하는 크래프터도 있다. 단, 이럴 때는 하나밖에 없는 물건을 여러 번 판매하는 일이 발생하지 않도록 각 사이트에 소개하는 물품을 주의해서 점검해야 한다. 여러 사이트의 판매 목록을 관리하려다 보면 결국 시간과 비용이 더 소요될 수 있으므로, 일단은 사이트 한 곳에서 시작하는 것이 좋다.

이런 전자 상거래 사이트에는 판매자가 매우 많기 때문에, 비슷한 작업을 하는 다른 모든 크래프터 사이에서 눈에 띄는 것이 무엇보다 중요하다. 판매할 제품을 다른 여러 카테고리에 넣어보자. 이렇게 하면 좀 더 쉽게 마케팅할 수 있고, 판매대나 온라인 숍을 꾸밀 때도 도움이 된다.

온라인에서 판매할 아이템의 종류는 다양할수록 좋다. 고객에게 다양한 선택지가 있으면 당연히 더 오랫동안 시간을 들여 물건을 살펴보게 되고, 구매할 확률도 높아진다. 온라인 쇼핑몰을 직접 구축하려면 시간과 비용이 많이 소요되므로 일반적으로는 대규모 판매자에게만 권장한다. 제품을 판매할 전자 상거래 사이트를 결정할 때는 스스로 몇 가지 질문을 해보아야 한다(오른쪽 참조). 거의 모든 질문에 대한 답은 온라인 자료 조사를 통해 얻을 수 있지만, 다른 디자이너나 제작자와 의논하고, 포럼에 질문을 올리거나 블로그의 글을 읽어보는 것도 잊지 말자. 크래프트를 판매할 만한 온라인 웹사이트 몇 곳을 소개한다.

엣시Etsy.com은 온라인 크래프트 마켓 중 규모가 가장 크고 인기도 좋다. 2005년에 문을 연 미국 기반 웹사이트로 전 세계 어디서나 판매할 수 있는 플랫폼이다. 엣시와 같은 대규모 사이트에서 제품을 판매할 때 어려운 점은 수많은 판매자 중 눈에 띄는 것이다. 조금이라도 많은 고객에게 어필하기 위해서는 끊임없이 제품 목록을 업데이트해야 한다. 하지만 장점도 있다. 항상 접속자가 많고, 수많은 잠재 고객이 방문한다는 것이다. 엣시 숍은 쉽게 꾸밀 수 있다. 개인 판매 공간을 취향대로 꾸미기만 하면 된다. 잠재 고객이 판매자 개인 페이지에 접속하도록 도와주는 검색 엔진 마케팅은 엣시에서 알아서 해주지만, 판매자 스스로도 직접 마케팅 활동을 해야 한다.

> **"제 생각에 엣시는 세계 최고의 수제품 거래 장터예요. 열정적인 구매자와 판매자를 끌어들이는 데 적수가 없죠. 엣시는 서로 돕는, 힘 있는 공동체 정신을 장려해요."** 에마 램

엣시에는 대규모의 포럼과 어드바이스 페이지도 갖추고 있어 포장, 마케팅 등에 대한 조언, 성공 사례 등을 읽어볼 수 있다. 또 페이스북에는 사용자의 엣시 숍을 개인 프로필과 팬 페이지에 노출할 수 있는 애플리케이션이 있다.

다완다Dawanda.com은 독일에 기반을 둔 선물과 수제 상품 거래 사이트다. 2006년에 오픈했으며, 유럽 쪽에 비중을 더 크게 두지만 엣시와 마찬가지로 누구든 사용할 수 있다.

폭시Folksy.com은 영국 디자이너와 제작자의 작품을 소개하기 위해 만든 웹사이트로, 2007년 영국과 북미, 호주의 크래프트 공동체에서 영감을 얻은 제임스 보드웰과 롭리가 함께 만들었다. 폭시는 현재 가장 큰 수제품 거래 사이트로, 주로 영국에서 인기를 끌고 있다.

온라인 숍 배너 디자인

온라인에서 판매를 할 때 배너는 책의 제목이나 가게 간판처럼 숍 이름이 눈에 띄어야 한다. 배너를 보면 이 숍에서 어떤 물건을 판매하는지 명확히 알 수 있어야 한다. 태그 라인이나 설명을 약간 추가해 제품을 소개하는 것도 고려하면 좋다.

제품을 시각적으로 소개하기 위해서는 이미지를 활용해야 한다. 정해진 배너 크기(보통은 픽셀 사이즈로 주어진다)에 꽉 차게 디자인하는 것도 잊지 말자. 브랜드 대표 컬러를 사용하고 웹페이지 전체에서 한눈에 띄도록 디자인한다 (54쪽 참조).

브랜드 로고를 중간쯤에 배치해 고객의 눈에 들어오도록 하는 것도 좋은 방법이다. 경쟁이 심한 온라인 시장에서는 순식간에 고객의 시선을 사로잡아야 한다.

이 책을 위해 만든 '마리아 메이크스Maria Makes'라는 가상의 핸드메이드 주얼리 브랜드를 통해 온라인 판매의 기본 원칙을 배워보자.

"다른 브랜드에서 너무 많은 영감을 얻으려 하지 말고, 스스로의 이상과 능력에 충실하세요. 어떤 면에서는 그렇게 하는 것이 눈에 띄는 데 도움이 되거든요. 창의적이라는 것은 스스로 아이디어를 끊임없이 이끌어낸다는 뜻이에요."

더 빈티지 드로어 비키 트레이너

TIPS

- 배너에는 너무 많은 것을 담지 말고 브랜드 특성과 스타일을 가장 잘 나타내는 아이템 몇 가지만 골라 담는다. 양보다는 질이 중요하다.

- 온라인에서 수많은 배너 만들기 강좌를 볼 수 있다. 어도비® 포토샵®은 투자할 만한 가치가 있다.

- 작업을 대신해줄 디자이너를 고용하는 것도 방법이다.

- 배너를 확대해 인쇄한 후 크래프트 박람회 (92쪽 참조)나 오프라인 숍(106쪽)에서 활용한다.

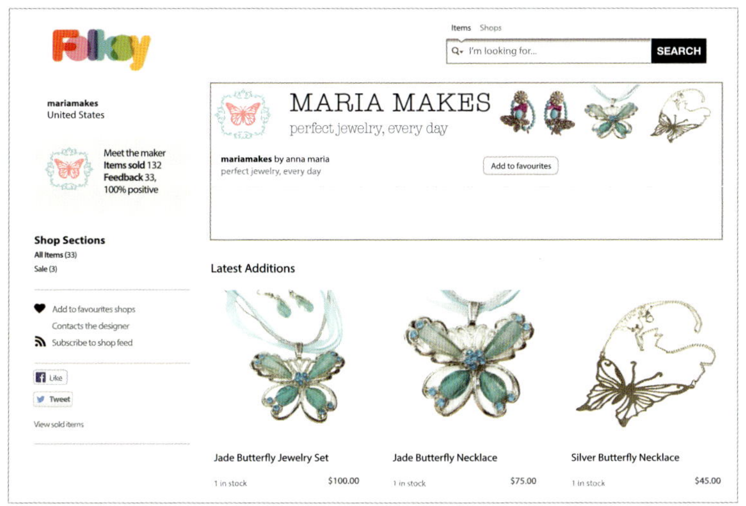

왼쪽과 아래 : 직접 온라인 숍을 제작할 수도 있지만, 비용과 시간이 많이 소요된다. 특히 소규모 기업에게는 더욱 그렇다. 폭시나 다완다 등 크래프트 전자 상거래 웹사이트를 활용하면 사전 제작한 템플릿을 브랜드 성격에 따라 변형해 손쉽게 판매 플랫폼을 만들수 있다.

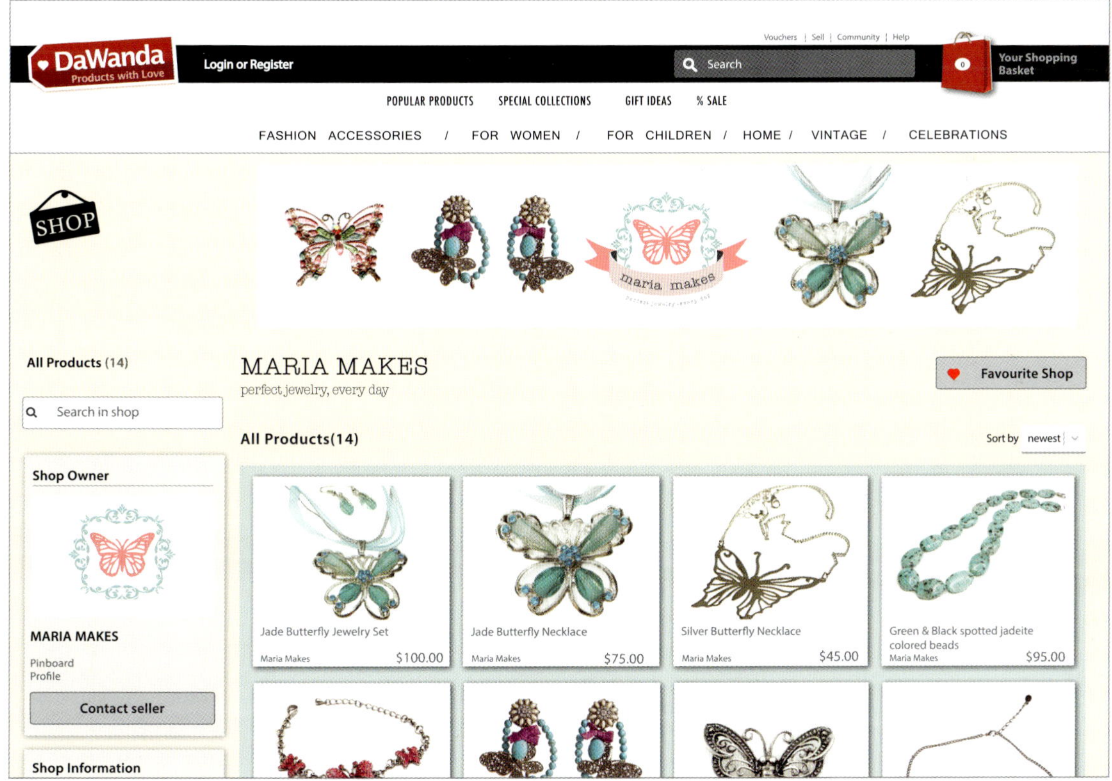

타마르 셰크너 TAMAR SCHECHNER

타마르 셰크너는 핸드메이드 주얼리 브랜드
'네스트 프리티 싱즈Nest Pretty Things'의 창립
자다. 예술가 부모와 조부모 밑에서 자란 그
녀는 뉴욕의 파슨스 디자인 학교에서 디자인
을 전공했다. 이스라엘에서 18년 넘게 잡지
사의 크리에이티브 디렉터와 패션 스타일리
스트로 일한 타마르는 8년 전 이스라엘 텔아
비브에서 미국의 버몬트 주로 이주했다.

> "온라인 판매는 저에게는 정말 효과
> 적이었어요. SNS에서 눈에 띄는 것
> 은 아주 중요하죠."

이스라엘에 있을 때 가족과 친구를 위한 인
테리어 디자인에도 발을 담갔던 타마르는 원
래 버몬트의 인테리어 디자인 업계에서 커리
어를 이어나가고 싶어 했다. 신규 고객을 기다
리는 동안 크래프트를 시작했고, 2006년에
처음 엣시에 숍을 열었다. 타마르의 스타일은
현대 여성을 위한 로맨틱하면서도 보헤미안
적인 분위기라고 할 수 있다.

제품 사진 멋지게 찍는 법

직접 만든 크래프트 제품을 선보일 웹사이트를 정했으면 그다음에 할 일은 제품 사진을 최대한 잘 찍는 일이다. 특히 웹사이트의 제품 선별 과정을 거쳐야 한다면 사진이 더욱 중요하다.

상세 이미지와 스타일링한 이미지를 포함한 사진 여러 컷을 조합하는 것이 가장 좋다. 단, 제품을 판매할 웹사이트의 특성과 느낌을 고려해 제품 사진이 전체적인 분위기와 조화를 이루도록 신경 쓰자. 사람들이 제품을 직접 만질 수 없다는 점을 고려해 가까이에서 자세하게 볼 수 있도록 노력한다. 사진을 통해 고객에게 최대한 많은 정보를 제공해야 한다는 사실을 잊지 말자.

포토 스타일링을 위한 팔레트를 만드는 것도 좋다. 배경과 스타일링이 항상 같을 필요는 없지만 브랜드와 잘 어울리고 응집력이 있어야 한다. 일관성 있는 색채와 조명, 소품의 조합을 만들어보자.

종류와 크기가 비슷한 제품을 여러 가지 판매한다면 사진을 통해 이를 강조하자. 제품을 여러 각도에서 볼 수 있도록 사진을 찍고, 구체적인 사용 방법과 목적, 다양한 색상도 사진에 담는다.

색깔만 다른 같은 제품의 사진 여러 장을 사용하든, 여러 가지 스타일을 이미지 한 컷에 포착하든 다양성이 가장 중요하다. 제품 사진은 다양한 옵션을 전달하는 효과적 수단이다. 시각적 실마리를 주면 고객은 제품을 사용하는 다양한 방법에 대해 힌트를 얻을 수 있다.

사진을 업로드할 때는 스토리텔링에 가장 적합한 순서로 정리해서 올린다. 가장 잘 나온 강렬한 사진을 항상 제일 처음에 사용해야 한다. 고객이 가장 먼저 보게 될 이미지가 바로 첫 사진이기 때문이다.

네스트 프리티 싱즈의 주얼리 제품들(68쪽 참조). 타마르의 제품은 근사한 사진 덕분에 판매 목록에서 유리한 위치를 차지할 수 있었다(74쪽 참조).

보다 돋보이게, 보다 빛나게, 제품 사진 어떻게 찍지?
BASIC PHOTOGRAPHY SKILLS

영국에 기반을 둔 인테리어, 크래프트, 정원 사진 전문 프리랜서 현장 사진작가
수시 벨www.sussiebell.com에게 전문가의 팁을 배워보자.

조리개 APERTURE

- 위 사진은 선명한 이미지를 만들기 위해 전체 포커스로 찍지 않고 조리개를 조금만 열어 촬영했다.

- 아래 사진과 같은 소프트 포커스 효과를 주려면 조리개를 넓게 열어 피사계 심도를 얕게 하고 촬영한다.

표준 카메라 렌즈와 조리개 수치는 아래와 같다. 조리개 수치가 작을수록 조리개가 넓게 열리며, 반대로 조리개 수치가 크면 좁아진다.

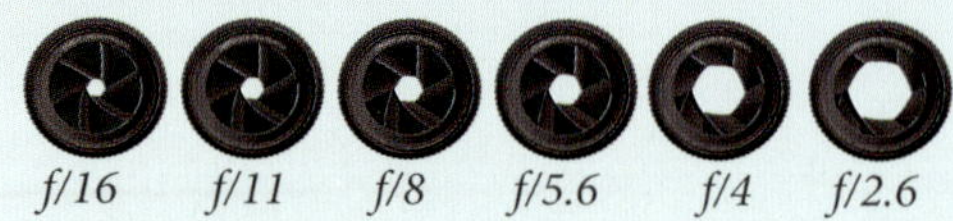

셔터 스피드 SHUTTER SPEEDS

- 위 사진은 셔터 스피드가 너무 빨라 노출이 부족하다. 삼각대를 사용하면 느린 셔터 스피드로도 사진을 찍을 수 있다.

- 아래 사진은 셔터 스피드가 너무 느려 과다 노출되었다. 조명의 밝기에 따라 셔터 스피드를 조절해야 한다.

조명 잘 사용하는 법
WORKING WITH LIGHT

- 먼저 자연광의 위치를 확인한다.

- 흰 판지를 반사판으로 사용해 자연광을
  반사하고 불필요한 그림자를 제거한다.

- 위 사진은 자연광 옆에서 반사판 없이
  촬영한 것이다.

- 아래 사진이 위 사진보다 보기 좋은 이유는
  반사판을 사용해 빛을 다시 쏘아주었기
  때문이다.

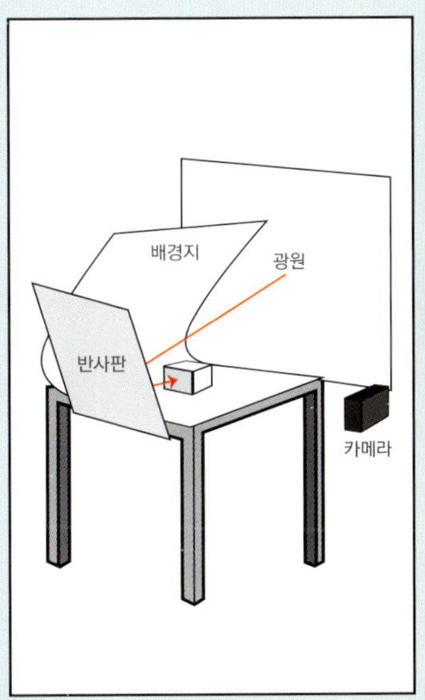

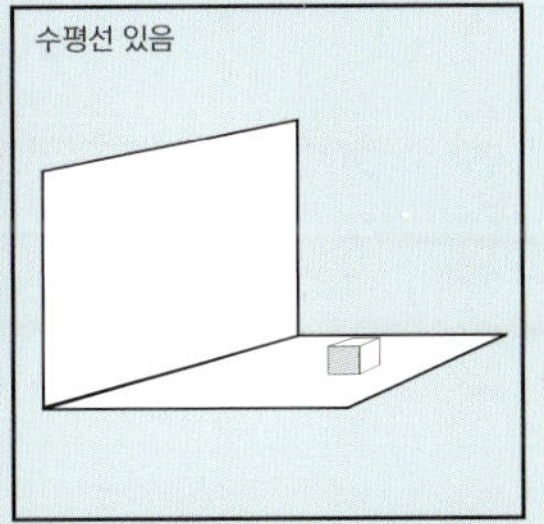

배경 BACKDROPS

- 위 사진은 바닥 평면에 수직으로 접은 배경지를
  사용해 촬영한 것으로, 배경에 수평선이 형성된다.

- 아래 사진은 수평으로 휜 배경지를 사용해 촬영한
  것으로, 수평선이 없어 위 사진보다 전체적으로 더
  정리된 인상을 준다.

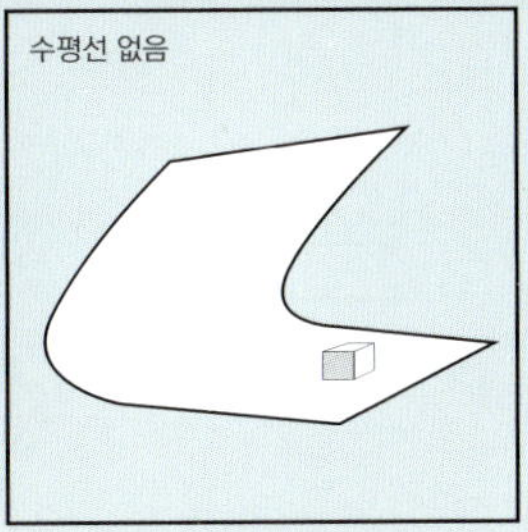

각도 ANGLE

- 왼쪽 사진은 잘못된 각도에서 촬영한 것으로,
  결과적으로는 제품을 제대로 보여줄 수 없다.

- 오른쪽 사진은 고르게 들어오는 빛을 최대한
  활용했으며 제품의 장점이 잘 드러나는 위치에서
  촬영했다.

근사한 제품 사진, 나도 찍을 수 있다!
TAKE GREAT CRAFT PRODUCT SHOTS

- 카메라를 능숙하게 다루어야 최상의 결과가 나온다. 요즘은 카메라의 기능을 잘 사용할 줄만 알면 좋은 사진을 찍을 수 있다. 조리개와 셔터 스피드, 플래시를 조절할 수 있는 카메라가 있으면 좋지만 꼭 필요한 것은 아니다. 지루하더라도 카메라 사용 설명서를 꼼꼼히 읽어둘 것.

- 삼각대를 구비하는 것이 효율적이다. 경우에 따라 자연광과 카메라 플래시를 혼합해 활용할 수도 있지만, 플래시보다는 자연광을 활용해 사진을 찍는 것이 좋다. 날씨가 좋지 않은 날에는 카메라를 손으로 들고 촬영하면 사진이 뿌옇게 찍히기 때문에 삼각대에 카메라를 고정하고 느린 스피드로 촬영하는 것이 좋다.

- 사진은 밝은 방에서 촬영한다. 촬영할 작업대를 창 가까이에 두어 자연광을 최대한 활용한다. 단, 배경이나 피사체에 직접 빛이 닿는 것은 피해야 한다. 빛 반대편에 흰색 판지로 된 카드를 그림자가 지는 쪽으로 대어 빛을 반사시킨다.

- 깨끗한 흰색 배경에서 촬영을 하거나, 최소한 무늬가 없는 배경을 준비한다. 작은 물건을 촬영하더라도 정면 컷에서는 생각보다 큰 배경지가 필요하다. 배경지를 살짝 휘어 벽에 기대놓고 촬영할 물체를 최대한 앞에 놓아 뒤쪽으로 지는 어두운 그림자를 최소화한다. 납작한 물건은 판지 위에 올려놓고 바로 위에서 촬영한다.

- 촬영 시 노출계를 사용할 때는 반드시 촬영할 물체 바로 옆에 노출계를 둔다. 흰색 배경 때문에 간섭 현상이 발생할 수 있기 때문에 사진을 밝게 찍으려면 1~2단계 정도 과다 노출 상태로 촬영하는 것이 좋다.

위 : 최상의 결과물을 얻기 위해서는 흰 흰색 배경지를 대고 삼각대를 사용해 촬영하는 것이 좋다. **아래** : 반사판을 활용해 자연광을 제품 쪽으로 반사해준다.

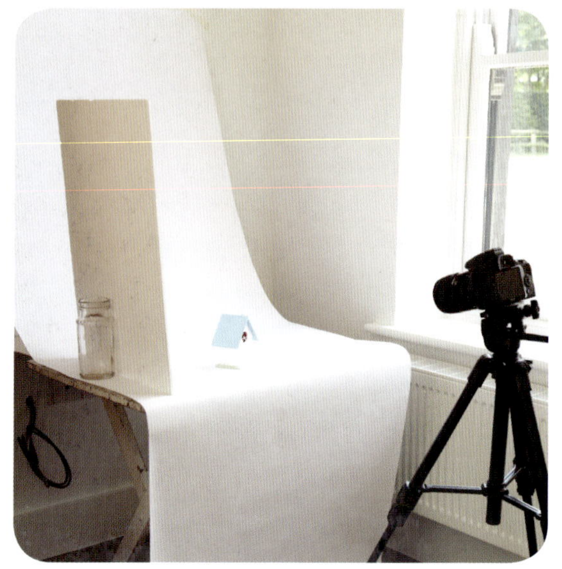

차별화된 '태그' 작성하기

태그는 이미지를 온라인에 업로드할 때 붙이는 설명 글로, 사람들이 상품을 검색할 때 키워드가 된다. 태그를 살짝만 바꾸어도 잠재 고객이 내 상품을 훨씬 쉽게 찾을 수 있다. 태그에는 색상, 사이즈, 제품의 종류를 비롯해 잠재 고객에게 알리고자 하는 내용이 모두 들어가야 한다. 작성한 문구를 친구나 가족에게 보여주고 빠진 것이 없는지 확인해보자. 다양하게 사용할 수 있는 제품이라면 사용법을 제시하고 최신 디자인 트렌드와도 연결 지어 설명한다. 이렇게 하면 상세 설명에 키워드가 풍부해져 검색 엔진에 최적화된다. 맞춤형 옵션을 제공한다면 그 정보를 설명에 포함하거나, 모든 옵션을 소개하는 다른 상세 페이지 링크를 잊지 말고 제공해야 한다.

> **"최대한 간단하고 정확하게 설명하세요. 치수도 꼭 적어야 해요. 구매자 입장에서 생각해보세요. 당신이 구매자라면 이 제품을 사기 전에 상세 설명 글에서 얻고 싶은 정보가 무엇일까요?"**
>
> **네스트 프리티 싱즈** 타마르 셰크너

어버이날이나 크리스마스처럼 전통적으로 선물을 주고받는 날을 위한 상품도 준비하자. 이렇게 하면 연 매출을 끌어올릴 수 있다.

제품을 만든 과정과 동기, 느낀 점을 소개해 제품에 생명력을 부여하는 것도 좋다. 흔하지 않다는 느낌도 부가가치가 될 수 있다.

여러 제품을 컬렉션으로 묶는 것이 신뢰도와 노출도를 높이는 데 큰 도움이 된다. 이렇게 하면 여러 제품이 한꺼번에 디스플레이되고, 아무 제품이나 임의로 섞은 것보다 훨씬 인상 깊고 전문적이라는 느낌을 준다. 오른쪽은 타마르의 엣시 상품 설명 페이지다. 명확하면서도 자세하고 정보가 풍부한 훌륭한 예다.

컬러풀한 청키 비즈 스트랜드 목걸이

가격 : 17.98파운드
남은 수량 : 오직 1개

간단 요약

- 핸드메이드
- 자재 : 유리, 놋쇠
- 피드백 : 후기 5108건
- 전 세계 배송 가능

세상에 하나뿐인 비즈 목걸이를 골라보세요.
(황금색 매트 비즈는 은색 매트 비즈로 변경 가능)

1 황금색, 오렌지색과 아쿠아색의 8mm 체코 유리 비즈 목걸이.
2 스모키 라일락 비즈, 중앙에는 칠흑색의 10mm 비즈를, 양 끝에는 스와로브스키의 8mm의 크림색 글라스 펄을 매치한 목걸이.
3 아쿠아색, 황금색과 붉은색의 8mm 체코 유리 비즈 목걸이.
4 황금색과 민트색의 8mm 체코 유리 비즈와 핑크색 비즈 두 개, 중앙의 베이지색 10mm 사이즈 비즈가 조화를 이루는 목걸이.
5 중앙의 칠흑색 10mm짜리 비즈에 황금색 8mm짜리 비즈와 스와로브스키의 크림색 글라스 펄을 더한 목걸이.
6 황금색, 연초록색과 연한 아쿠아색의 8mm 사이즈 체코 유리 비즈 목걸이.

어느 계절에나 잘 어울리는 색으로 구성된 목걸이입니다.
좋아하는 겨울 점퍼나 시원한 여름옷 어디든지 매치해보세요.

체인 재질은 청키하고 앤티크한 분위기의 최고급 미국산 놋쇠로, 납과 니켈이 전혀 들어 있지 않아요. 비즈와 이음매 없이 연결되어 목에 걸면 예쁘게 늘어진답니다.

28~34인치 제품은 긴 길이에 더 적합한 가느다란 체인으로 제작하니 참고하세요. 더 가느다란 체인에 대한 자세한 소개는 https://www.etsy.com/listing/826728819에서 보실 수 있습니다.

친환경 선물 상자에 포장 배송됩니다.

멜 스트링어 MEL STRINGER

호주 브리즈번 출신의 멜 스트링어는 독특한 페이퍼 크래프트 회사 '걸리 페인즈Girlie Pains'의 창립자다. 만화가의 딸로 태어난 그녀는 어렸을 때부터 그림을 그렸고, 지금은 다운로드 가능한 페이퍼 크래프트 PDF 파일을 판매한다. 멜은 블로그도 운영하고 〈프랭키 Frankie〉 매거진에 기고하기도 하며, 프리랜스 산업 디자인 아티스트로 세계 각국의 고객을 보유하고 있다.

"제품 소개는 창의적으로, 자세하게, 깔끔하게 작성해야 해요. 항상 앞서나가야 하고요."

마음을 사로잡는
고객 서비스

고객 서비스는 기본적인 것에서 시작된다. 고객은 물론 아직 고객이 되지 않은 이들과도 명확한 의사소통하는 것이 중요하다. 고객 입장에서는 잘 알려진 전자 상거래 웹사이트에 제품이 올라가 있으면 좀 더 안심할 수 있겠지만, 따뜻하게 맞아주는 숍이 있으면 편안함을 느낄 것이다. 근사한 이미지, 정확한 설명, 개인 프로필 또는 소개 페이지, 고객의 소리 페이지를 잘 갖추면 고객과 판매자 사이에 개인적인 연결 고리가 형성되고, 판매자의 전문적 이미지와 신뢰도도 향상될 것이다.

커뮤니케이션은 그 어떤 것보다 중요하다. 배송료는 분명하고 정직하게 제시하고, 거래가 이루어지는 내내 연락이 끊기는 일이 없도록 주의한다. 이렇게 하면 혼란을 막고, 고객과 친밀한 관계도 형성할 수 있다.

누군가가 주문을 했다면 즉시 친절한 감사 메시지를 보내 주문이 접수되었음을 알린다.

환불 정책에 대해서도 확실하게 안내할 필요가 있다(환불 정책이 아직 없다면 만들어야 한다. 다양한 방법을 검토해 각자에게 잘 맞는 방법을 찾아보자).

최선의 정책은 정직이다. 잠재 고객과 나누는 커뮤니케이션은 항상 솔직해야 한다. 주말에만 배송이 가능하거나 일주일간 휴가를 떠난다면 바로 고객에게 알리자.

> **"제 제품을 받았을 때 잘 포장한 선물처럼 보였으면 좋겠어요."** 비키 트레이너

개인 사업을 꾸리다 보면 누구나 장애물에 부딪히곤 한다. 만족하지 못한 고객은 어떻게 대할지도 생각해보자. 어떤 상황에서든 프로답고 품위 있는 태도를 지켜야 한다. 언제나 해결책은 있는 법이므로 긍정적인 마음가짐과 폭넓은 시각을 갖는 것이 무엇보다 중요하다.

문제가 발생했을 때 다른 사람에게 책임을 전가하기보다
는 어떻게 하면 상황을 바로잡을 수 있을지 생각하자. 우
선 상황을 인정하고 실제적인 해결 절차를 밟는다. 고객으
로 하여금 자신의 목소리가 전달되었다고 느낄 수 있도록
고객의 입장에서 문제를 살펴본다. 대부분의 경우 고객의
시각을 일단 이해하면 문제를 해결할 수 있다.

여기서 기억할 것은, 소규모 기업인은 긍정적인 피드백에
기대야 한다는 점이다. 돈 때문에 고객과 다툼을 벌이느라
에너지를 소모할 필요는 없다. 장기적인 이익을 내다보고
용감하게 손실을 감수하는 것이 좋을 때도 있다.

제작 과정을 개선하고 포장은 견고함과 안전함에 신경 쓰
며 실수를 통해 교훈을 얻자. 실패는 모두 경험을 통해 배
울 수 있는 기회가 된다. 여기서 잊지 말아야 할 온라인
판매의 장점이 있다는 것이다. 매우 큰 스트레스를 받았을
때는 산책을 나가 심호흡하며 스스로를 가다듬고 상황에
대처할 수 있다.

TIPS

- 거래 전, 거래 중, 그리고 거래 후까지 최고의
  고객 서비스를 제공해야 한다. 할인 코드나
  무료 선물, 손 편지와 같이 작은 정성을 더하면
  재구매를 유도하는 장치가 된다.
  이러한 것들이 대규모 소매업체의 차별화
  포인트가 되고, 고객이 나와 내 브랜드와
  특별한 관계를 형성하는 계기가 되기 때문이다.

- 고객과 나누는 커뮤니케이션 방식도 브랜드
  만들기의 연장선에서 생각해보자. 내 숍이 말을
  할 수 있다면 어떤 이야기를 할까? 장난스러운
  말투, 달콤한 말투, 아니면 딱딱하고 격식 있는
  말투를 쓸까? 어떤 말투든 고객이 기분 좋게
  느낄 수 있도록, 거래가 이루어질 때마다 브랜드를
  부각할 수 있는 대응 방법을 생각해보는 것이 좋다.

좋은 고객 서비스는 예쁜
포장처럼 작은 정성을 통해
완성될 수 있다.

제품 가격,
어떻게 정해야 할까?

크래프트 비즈니스를 성공으로 이끌려면 돈을 벌어야 한다. 돈을 벌기 위해서는 크래프트 제품을 판매해 이윤을 남길 방법을 찾아야 한다.

사업을 성공시키기 위해서는 비즈니스적 관점에서 가격을 책정해야 한다. 사업을 시작할 때나 내가 만든 작품에 가격표를 붙이는 일은 가장 어려운 단계에 속한다. 스타일, 경륜, 정성과 같은 지극히 주관적인 요소에 화폐 가치를 매겨야 하기 때문이다.

제품 가격은 고객이 지불할 용의가 있는 선을 넘지 않으면서, 제작비를 충당하고 이윤을 남길 만큼 높게 잡는 것이 일반적인 비즈니스의 법칙이다. 가격은 판매 목표에 따라 달라진다. 이익을 내는 데 크게 연연하지 않는다면 좀 더 느슨하게 가격을 정할 수 있다.

우선 아래 정보를 바탕으로 목표 가격을 정해보자. 그다음에는 시장조사를 통해 내가 뛰어들 업계에서 판매하는 유사 제품의 가격을 파악한다. 업계의 형태는 온라인 숍, 지역 크래프트 박람회, 대형 소매점 등 무엇이든 될 수 있다. 가격 책정의 기술은 매우 다양하지만, 대부분은 일단 초기 추정값을 정한 후 현실적 여건과 전망을 바탕으로 그 값을 조정하는 일반적 공식을 따른다. 시간이 지나면 그동안 쌓인 판매 기록을 추적해 어떤 가격대 제품이 잘 팔리는지 살펴보고, 그에 따라 가격을 조정할 수 있다. 더 큰 이윤을 내기 위해서는 재료를 도매상에서 구입하고 작업 과정을 개선해 가격을 합리화할 수도 있다.

TIPS

- 발생하는 모든 비용은 항상 메모해두어 시간을 두고 가격을 조정할 수 있도록 한다.

- 판매량이 오르기를 기대하고 가격을 깎는 쉬운 출구를 택하지 말자. 독특한 핸드메이드 제품은 가격이 높다. 사람들은 낮은 가격을 보면 값싸게 만든 제품으로 생각한다.

- 제품을 판매할 집단을 알아야 한다. 지역 크래프트 박람회에서 판매할지, 고급 부티크에서 판매할지 생각해서 해당 공동체에 대해 공부하고, 돌아다니면서 경쟁 업체의 가격도 파악해두자.

- 고객을 이해시키자. 고객은 대부분 크래프트 제품을 만드는 데 시간이 얼마나 걸렸는지, 디테일을 위해 얼마나 정성을 들였는지 전혀 모른다. 이를 이해시키는 일은 고객에게 내가 매긴 가격이 적정하다는 것을 납득시키는 과정이다.

- 고객과 친해지자. 고객들에게 모을 수 있는 풍부한 정보는 대단히 유용하다. 고객은 대부분 내가 누구이고 무엇을 하는지 전혀 모르기 때문에, 나를 잘 아는 사람과는 다른 의견을 제시할 수 있다.

- 비용 절감이 가능한가? 가급적 품을 덜 들일 수 있도록 디자인을 수정할 방법을 생각해보자. 재료를 대량으로 저렴하게 구입할 방법도 찾아보자.

- 포장 방식을 바꾸거나 제작자의 유명세를 높이는 등 가치 인식에 직결되는 요소를 개선하거나 강화해 제품의 가치를 높여보자.

- 항상 같은 가격을 유지할 필요는 없다. 정당한 수입을 얻지 못한다고 생각되거나 물건이 생각처럼 빨리 판매되지 않으면 다른 방식으로 접근해보자.

이 책에서는 다음 방법을 사용하고자 한다. '잠정적' 도매가 범위를 추정하기 위한 가격 책정 공식을 사용하고, 이렇게 정한 도매가 범위를 바탕으로 소매가 범위를 추산하는 것이다.

가격을 책정할 때는 항상 두 종류의 비용을 고려해야 한다. 하나는 직접 비용, 다른 하나는 간접 비용이다. 직접 비용은 완성품 하나를 만드는 데 소요되는 고유 비용으로, 원재료비와 공임이 포함된다. 간접 비용은 설비비처럼 완성품이 무엇이든 관계없이 항상 발생하는 모든 비용을 말한다. 이러한 비용을 모두 계산했으면 공식에 대입해보자.

공식

재료+공임+경비+이윤 = 도매가

도매가×2 = 소매가

예

재료(1000원)+공임(2000원) = 3000원(직접 비용)

+ 경비(1000원, 간접 비용)

+ 이윤(2000원) = 도매가(6000원)

도매가×2 = 1만 2000원(소매가)

총 수익 = 6000원

1 재료

- 제품을 제작하는 데 사용한 재료의 목록을 정리해 평균 단가를 계산하고, 이를 바탕으로 총 원재료비를 정한다.
  실, 페인트, 글리터와 같은 사소한 물품까지 단 몇 푼이라도 비용을 지불한 것은 모두 포함한다.
  재료를 온라인에서 주문했다면 그 배송비도 잊지 말고 비용에 포함한다.

2 공임

- 제품 한 개를 제작하는 데 소요되는 시간을 계산해보자. 한 시간에 제품 몇 개를 만들 수 있는지 계산할 수 있다.
  크래프트를 제작할 때 시간당 얼마를 벌고 싶은지, 얼마 정도면 시간을 투자할 가치가 있는지 생각해보자.
  스스로 정한 시급에 제품 한 개당 제작 소요 시간을 곱한다.

3 경비

- 제반 경비를 정확하게 계산하려면 운영비와 다달이 지출하는 비용 등을 모두 파악해서 더한다.
  이렇게 하면 총 제반 경비를 구할 수 있다.

- 운영비에는 포장재, 명함, 홍보 전단 등의 제작비와 배송 비용이 포함된다. 판매 수수료나 크래프트 전시
  설치 비용 등도 잊지 말자. 총 제반 경비를 판매하는 아이템 개수로 나누어 단가를 산정한다.

- 임대료, 전기 요금, 통신비, 수도 요금 등 매달 지출하는 설비 비용도 계산해야 한다. 가장 쉽게 계산하는
  방법은 한 달 설비비를 모두 더한 후 한 달을 시간으로 환산해 시간당 비용을 책정하는 것이다.
  여기에 다시 한 달 중 크래프트 작업에 소요되는 시간을 곱한다.

4 이윤

- 이 시점에서는 어떤 방향으로 크래프트 사업을 끌고 갈지, 어느 정도까지 시장을 확대할 수 있는지 검토해야 한다.
  어떤 숫자를 이 칸에 기입할지는 내가 판매하는 크래프트, 내가 투입한 기술을 바탕으로 나만이 결정할 수 있다.
  단, 자신과 자신의 작품을 소중히 여기기를 바란다.

5 도매가와 소매가

- 이제 재료비, 공임비, 경비와 이윤을 더해보자. 이렇게 하면 도매가격 범위를 구할 수 있다.

- 도매가에 2를 곱해 소매가를 정한다(도매가×2 = 소매가).

휘트니 스미스 WHITNEY SMITH

'휘트니 스미스 포터리'의 창립자인 휘트니는 1994년 캘리포니아 산타크루즈의 카브릴로 칼리지에서 도예 수업을 들으면서 물레를 사용한 도자 빚기에 푹 빠졌다. 그 후 그녀는 캘리포니아 주립대에 진학해 인류학을 전공하면서도 차고에 마련한 스튜디오에서 도예 작업을 계속하는 한편 산타크루즈에 있는 아티스트 산디 딜의 스튜디오에서 그녀의 작업을 돕기도 했다.

> "크래프트를 아주 잘하면, 어쩌다 하루 반 정도 사업이 완벽하게 잘될 때가 있을 거예요. 일이 잘 풀리지 않는 나머지 시간에 초심을 잃지 않을 수 있다면 축복받은 것이죠."

인류학 대학원 진학을 진지하게 고민하기도 했지만, 도예에 푹 빠진 휘트니는 이 일을 직업으로 삼고 싶어졌다. 캘리포니아의 베이 에어리어로 이사한 후 그녀는 플로리스트와 도예가 밥 폴의 조수로 일하면서 한편으로는 자신만의 도자기 만드는 작업을 계속했다. 이후 가족과 친구, 고객의 도움과 지지에 힘입어 휘트니는 2000년 초 결국 전업 도예가로 성장할 수 있었다.

기본 중의 기본,
결제 처리

결제 수단은 처음 크래프트 사업을 시작할 때 생각해야 할 일이다. 유효한 결제 수단이 부족해 판매 기회를 놓치는 일이 있어서는 안 되기 때문이다.

온라인 판매를 하려면 신용카드와 체크카드 결제를 모두 받을 수 있는 페이팔PayPal 계정을 만드는 것이 좋다. 가입 비가 없어 유용하다. 페이팔 결제 방식을 충분히 숙지하고, 지침과 팁도 빠짐없이 읽어둔다.

크래프트 박람회와 같은 행사에서 오프라인 판매를 시작하기 전에는 거스름돈으로 사용할 현금(지폐와 동전 모두)을 넉넉히 준비하자.

쉴 새 없이 쏟아져 나오는 새로운 기술과 애플리케이션에 힘입어 스마트폰과 태블릿은 신용카드 결제가 가능한 모바일 판매 창구로 변모하고 있다. 이미 가지고 있는 스마트폰으로 빠르고 편리하게 제품을 판매할 수 있다는 것도 장점이지만, 신용카드 결제가 가능하면 고객이 더 많이 소비하는 경향도 있으므로 한번 연구해볼 만하다.

신속하게 정확하게
배송 완료!

배송은 온라인 판매의 핵심이라고 할 수 있다. 고객이 내 물건을 전달받는 방식이기 때문이다.
배송이 원활히 이루어지도록 탄탄하게 기반을 다져야 한다. 우선 사용할 수 있는 포장 방식부터 찾아보자.

TIPS

- 상품을 업로드하기 전에, 킬로그램과 그램 단위까지 측정되는 전자저울을 구비해 판매할 아이템 하나하나의 무게를 포장재까지 합쳐서 잰다. 같은 아이템을 여러 개 판매한다면 매번 무게를 잴 필요는 없다.

- 우체국 웹사이트에 있는 배송료 계산기를 사용해 국내 배송료와 국제 배송료를 계산한다.

- 국제 배송은 세관 서류를 겉면에 부착하고 받는 사람 주소와 가격을 명시한 청구서를 포장 안쪽에 첨부한다.

- 가능하다면 배송료를 정액제로 하는 것이 좋다. 작은 물품을 판매할 때 조금 더 효율적인 방식으로, 구매자 입장에서 볼 때 배송료에 상한선이 있으므로 물건을 여러 개 구매해도 부담이 없다.

- 품질 높은 제품을 각각의 고객에게 특별한 선물처럼 포장해 판매할 때는 별도의 취급 수수료를 책정하는 것도 검토해본다.

- 실수로 배송료를 과다하게 책정했을 때는 차액을 환불해준다. 고객 입장에서 환불은 언제나 반가운 일이다.

- 상품이 도착할 때까지는 배송 영수증을 잘 보관하고, 배송 번호를 고객에게 이메일로 알려 고객이 상품 배송 상황을 인터넷으로 확인할 수 있도록 한다.

브랜드를 어필하는 또 하나의 방법, 포장

온라인 판매를 할 때는 제품이 안전하게 배송될 수 있고 전문적이라는 인상을 줄 수 있도록 포장에 특별히 신경 써야 한다. 포장 또한 나와 내 브랜드를 어필하는 방식이다. 포장은 브랜드의 일부이며, 포장재의 색깔과 재질, 무늬에도 나의 스타일이 담겨 있다.

물품이 파손되지 않고 온전하게 도착할 수 있도록 배송할 때 필요한 조치를 꼼꼼하게 취해야 한다는 점은 굳이 말할 필요도 없을 것이다. 조금만 주의를 기울여 안전한 포장 방법에 대해 찾아보면 거의 모든 제품을 안전하고 확실하게 배송할 방법을 찾을 수 있을 것이다. 길게 찢은 종이 스터핑 재료나 에어캡 비닐 같은 완충제를 사용하면 제품이 파손되는 것을 막을 수 있고, 포장 테이프를 여러 겹 단단히 붙이면 배송 중에 포장이 분해되지 않는다. 그림이나 인쇄물처럼 구겨질 수 있는 크래프트 제품은 두꺼운 판지를 받쳐 잘 고정한다. 그렇다고 과대 포장을 할 필요는 없다. 재활용 포장재를 이용하는 것도 생각해볼 만하다. 단, 고객이 내 작품을 직접 확인하기 전에 가장 먼저 접하게 되는 것이 바로 포장임을 잊어서는 안 된다. 브랜드의 개성이 묻어나는 독창적인 포장으로 고객을 기쁘게 하자. 깊은 인상을 남겨 추후 재구매를 기약할 수 있다.

꼼꼼한 포장은 필수다. 과대 포장을 피하면서도 받는 사람이 특별하게 느낄 방법을 찾아보자.
기본 서비스로 선물 포장을 제공한다면 포장 비용도 잊지 말고 해당 상품 가격에 포함해 책정한다. 아니면 별도의 서비스로 제공해도 된다.

나 스스로가 받아보고 싶어지는 포장을 해보자. 제품의 첫인상을 결정하는 것은 바로 포장이다.
따라서 고객의 구매 금액이 크든 작든 일관되게 양질의 서비스를 제공하는 것이 중요하다.

리놀륨판 고무 스탬프 LINO BLOCK RUBBER STAMP

스탬프는 쉽고 간편하게 쓸 수 있다. 하지만 독특한 핸드메이드 느낌을 내려면
고무 스탬프를 직접 제작해보자. 이렇게 만든 스탬프로 나만의 포장 상자를 완성할 수 있다.

1 우선 나만의 디자인을 만들어야 한다. 만족스러운 디자인
이 완성되면 이를 리놀륨판에 옮긴다. 옮기는 방법은 여러
가지가 있다.

- 컴퓨터로 디자인 작업을 했다면, 흑백 잉크젯 프린터로
  디자인을 인쇄한다. 인쇄한 디자인을 크기에 맞게 자
  르고 인쇄한 면이 리놀륨판 표면에 닿도록 올려놓는다.
  올려놓은 종이를 잘 고정한 뒤 식초로 윗면을 조심스
  럽게 문지른다.
- 투명한 트레이싱지에 연필로 디자인을 그린다. 연필로
  그린 면이 리놀륨판 표면에 닿도록 올려놓은 후, 연필
  심이 리놀륨판에 묻도록 동전으로 위를 문지른다.

2 연필로 조각할 선을 정확하게 표시한 후 최대한 가느다란
조각칼로 잉크를 묻히지 않을 부분을 모두 파낸다. 그림의
윤곽선을 따라 먼저 파내 경계선을 확실히 하면 이후 작업
이 쉬워진다.

3 스탬프 잉크 패드로 리놀륨판에 잉크를 묻힌다.

4 리놀륨판을 뒤집어 종이에 찍어보고 디자인이 제대로 찍
히는지 확인한다. 제대로 찍히지 않으면 정확한 모양이 나
올 때까지 조각칼로 다듬는다. 잉크가 고이는 부분이 있다
면 우선 말린 후 충분한 깊이로 파낸다.

준비물

- 리놀륨판
- 잉크젯 프린터, 종이, 식초
  또는 트레이싱지, 연필, 동전
- 리놀륨 조각칼
- 스탬프 잉크 패드

1

2

TIPS
- 스탬프 디자인은 브랜드와 작업 공간 전체를
  상징하는 이미지를 선택하는 것이 좋다.

장식용 종이 리본 DECORATIVE PAPER BOW

종이 리본은 포장에 특별한 포인트가 된다. 어떤 재질이든 브랜드에 잘 어울리는 종이로 리본을 만든 후,
작은 단추나 장식을 올리면 더욱 센스 있게 마무리할 수 있다.

1 아래의 리본 패턴 원형을 복사한 후, 원하는 크기로 다시 확대 복사해 윤곽선을 따라 자른다.

2 원형지를 따라 리본 만들 종이에 윤곽을 그리고, 그에 따라 종이를 자른다.

3 리본 고리를 만들 종이의 가운데 오목한 부분에 양면테이프를 붙이고, 종이 양 끝을 가운데로 말아 양면테이프를 붙인 부분 위에 눌러 고정한다.

4 완성된 리본 고리 가운데 부분에 다시 양면테이프를 붙인 후 리본 끝이 될 종이 위에 눌러 고정한다.

5 필요하면 장식용 보석이나 작은 단추를 가운데에 올려 장식한다.

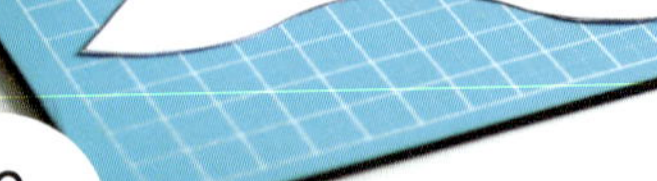

준비물
- 아래 패턴 원형의 복사본
- 연필
- 가위
- 문양 있는 종이
- 양면테이프
- 장식용 보석이나 작은 단추(선택 사항)

TIPS
- 리놀륨판을 조각해 만든 스탬프(87쪽 참조)로 나만의 종이를 직접 만들어보면 어떨까?

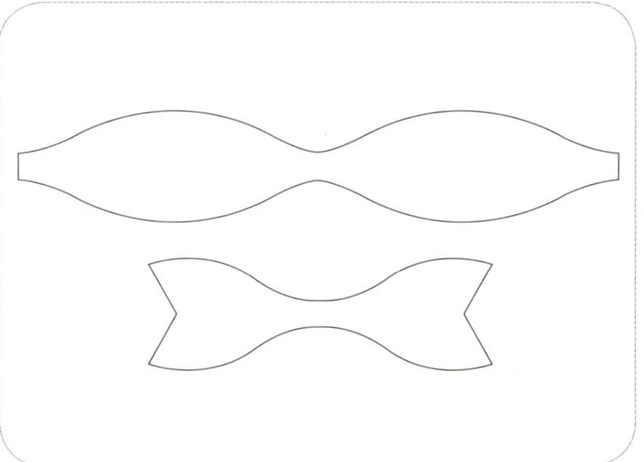

2

3

the vintage drawer
the linen garden
the linen garden
the linen garden

CHAPTER 4

시선을 사로잡는 디스플레이

오프라인 홍보 A to Z

온라인 숍을 성공적으로 운영하더라도, 오프라인에서 판매하면 새로운 고객에게 다가갈 수 있다. 부담 없는 지역 사회 후원 행사에서 시작해 크래프트 전문 숍까지 진출할 수 있다.

처음 시작하는 오프라인 판매 · · · · · · · · · · · · · · · · · 92
판매대 꾸미기 · 93
판매를 위한 준비 · 96
크래프트 디스플레이 · 98
판매 행사가 끝난 후에는? · · · · · · · · · · · · · · · · · 104
매장 판매의 기술 · 106

처음 시작하는
오프라인 판매

온라인 판매에만 얽매이지 말자. 가장 쉬운 오프라인 판매 방법은 집에서 크래프트 쇼를 여는 것이다. 가까운 친구와 가족을 초대하고, 이들에게 크래프트에 관심을 보일 만한 지인을 데려오도록 요청한다. 쇼를 진행할 때는 간단한 다과를 준비한다. 시기에 맞게 행사 주제를 정해도 좋다. 예를 들면 크리스마스는 핸드메이드 크래프트 제품에 대한 관심과 수요가 항상 높은 시즌이다. 지역사회 후원 행사도 오프라인 판매의 훌륭한 출발점이 될 수 있다. 친구와 가족에게 직접 만든 제품을 판매할 만한 지역사회 행사 계획에 대해 물어보자.

크래프트 박람회는 본격적인 판매의 장이다. 우선 박람회를 몇 곳 둘러보면서 다른 사람들이 판매하는 물건의 종류와 품질을 살펴보자. 박람회에 참가한 판매자와 이야기도 나누어보고 내 제품을 판매하는 데는 어떤 형태의 박람회가 가장 적합한지도 알 수 있는 좋은 기회다. 박람회 방문자 수는 몇 명인지, 판매대 설치에 소요되는 비용은 얼마인지, 이윤을 남기려면 얼마나 판매해야 하는지 등도 알아보자.

우선 참가 비용이 적은 소규모 박람회부터 시작하는 것이 좋다. 유용한 피드백을 얻을 수 있는 좋은 기회가 될 것이다. 거주 지역의 박람회에 참가하면 출장비 부담도 없고 친구와 가족에게 도움을 요청할 수도 있다. 참가하고자 하는 박람회가 인기가 아주 많다면, 주최 측과 회의를 해 참가 업체에 자격에 대해 물어보자. 샘플 제품을 보여달라고 할 수도 있으니 가장 잘 나온 사진과 제품을 준비하는 것도 잊지 말자. 대부분 행사의 참가 부스 예약은 사전에 완료된다는 점을 명심하자.

판매대 꾸미기

참가할 예정인 박람회와 그곳에 마련할 판매대가 곧 플래그십 스토어가 된다고 생각하자. 수많은 제품 사이에서 두각을 나타내고, 사람들이 나와 내 브랜드를 만나고 체험하도록 할 기회가 찾아온 것이다. 더 열심히 준비할수록 큰 효과를 볼 것이고, 그만큼 더 많은 사람들에게 기억되어 제품 판매와 이윤 달성에 도움이 될 것이다.

판매대를 독특하고 흥미롭게 꾸밀수록 고객을 끌어들일 가능성은 높아진다. 고객이 기대감과 흥미를 갖고 찾아올 수 있는 판매대를 만들어보자.

먼저 다른 크래프트 행사 매대를 답사하면서 영감을 얻는다. 직접 크래프트 쇼를 찾아다녀도 좋고, 크래프트 행사장과 판매대 사진만 모아놓은 그룹이 있는 플리커(123쪽 참조)와 같은 사진 모음 웹사이트에서 참고할 수도 있다. 답사를 하면서 마음에 드는 부분과 마음에 들지 않는 부분을 메모했다가 실제로 판매대를 꾸밀 때 참고한다.

판매대를 꾸밀 때 고려할 점
THINGS TO CONSIDER

1 색깔

판매대 색조는 크래프트 제품을 돋보이게
해야 하며, 제품에 쏠릴 시선을 분산해서는
안 된다. 너무 강한 배경색이나 복잡한 무늬
때문에 제품이 묻히는 일은 없어야 한다.
따라서 제품을 강조해주는 색을 선택해야 한다.
바닥 디자인을 보강하거나 천장에 색깔을 더해
공간에 통일감을 주는 방법도 생각해보자.
고객이 긍정적으로 반응하고, 나를 더 잘 기억하고
알아보도록 하려면 매장 테마와 컬러에 통일감을
주어야 한다. 색깔을 고를 때는 테마와 브랜드를
염두에 두자. 서로 다른 색깔이 연출하는
분위기를 생각해보고 박람회의 전체적인 느낌도
고려해 판매대가 그에 어울리도록 한다.
예를 들어 크리스마스 박람회라면 따뜻하고
활기찬 축제 분위기를 풍겨야 한다.

2 공간 활용

등받이 없는 의자나 작은 캐비닛이 있으면 공간을
효율적으로 활용할 수 있고, 판매대를 정리하기에도
좋다. 판매대에 층을 만들면 시각적으로 풍성해지는
효과가 있고, 복잡한 느낌은 줄이면서 제품을
디스플레이할 공간을 확보할 수 있다. 판매대 앞에서
사람 몸이나 손이 부딪히는 일도 줄어든다.

1 사람들이 내 판매대를 방문했을 때
어떤 분위기를 느끼면 좋을지 생각해보자.

2 판매대 위에 층을 만들고, 제품 디스플레이는
방문객이 손쉽게 보고 만져볼 수 있도록 한다.

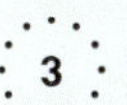

3 · 안내판

안내판은 손님을 끄는 데 기여할 수 있다. 안내판이 중요한 이유는 고객에게 정보를 제공하기 때문이다. 제품과 재질, 가격에 대한 기본적인 정보가 없으면 고객은 도움을 요청하기보다는 그냥 나가기 쉽다. 로고를 크게 내걸고 명함과 홍보 자료를 쉽게 가져갈 수 있도록 해서 방문객에게 나와 브랜드에 대한 이미지를 상기시키자(단, 지나치게 노골적으로 홍보한다는 느낌이 들지 않도록 주의해 방문객이 제품 자체를 살펴볼 수 있도록 한다).

4 · 홍보

온라인을 통해 행사를 홍보하고 판매대 꾸미기도 미리 '리허설'해보자. 리허설 사진을 촬영해 홍보에 사용하면 좋다.

3 판매대에 전시한 모든 제품에는 가격표와 라벨을 정확히 붙여 고객이 쉽게 알아보도록 한다.

4 미리 판매대 꾸미기 리허설을 해보고, 예쁘게 사진을 찍어 웹사이트에 올려 행사 홍보에 사용한다.

판매를 위한 준비

판매대를 살펴보는 사람들에게 조금은 틈을 주는 것이 좋다. 사람들이 판매대 앞에 멈춰 서자마자 달려들지는 말자. 하지만 손님이 판매대에 들어오거나 물건을 살펴보면 동료나 보조 직원과의 잡담은 중단해야 한다. 이 손님에게 물건을 팔 기회가 다시는 없을지도 모르니까.

손님이 무엇인가 집어 들거나 가격표를 살펴보기 전까지 기다렸다가 제품이나 가격에 대해 설명해주면서 이야기를 시작하면 된다.

판매자가 언짢고 귀찮은 표정을 짓고 있다면 둘러보고 싶은 마음이 사라질 테니 붙임성 있는 모습을 보여주자. 미소는 가장 기본적인 것이지만 동시에 변화를 유도하는 힘이 있다. 말을 섞기 싫어하는 손님이 있더라도 기분 나빠하지 말자. 예의가 없는 사람도 있다. 그런 사람이라도 예의 있게 대하고 잊어버리는 것밖에는 방법이 없다는 것을 기억하자. 아무리 유명한 크래프터라도 며칠씩 아무것도 팔지 못할 때가 있다. 가슴은 아프지만 행사 자체의 홍보 문제 때문일 수도 있고, 날씨 탓일 수도 있고, 그저 단순히 모든 것이 맞아떨어지지 않았기 때문일 수도 있다.

야외 판매 행사를 할 때는 전날 밤에 날씨를 꼭 확인하자. 외투 없이 밖에서 떨거나 무더운 날 두툼한 장화를 신어야 하는 것만 한 고역도 없다.

작업 중인 크래프트 제품도 몇 개 챙겨 가자. 한가할 때 손바느질을 하거나 한동안 미완성 상태였던 손뜨개 목도리를 완성할 수도 있다. 잠재 고객으로 하여금 판매 중인 물건이 진짜로 내가 만든 것임을 보여주는 효과도 있다. 손님과 이야기를 시작하기에도 훌륭한 소재가 된다.

박람회에서 배포할 마케팅 자료에는 잊지 말고 SNS와 온라인 숍 주소를 넣는다. 이렇게 하면 행사 당일 물건을 구입하지 않은 손님이라도 나중에 구입할 마음이 생겼을 때 웹사이트를 찾을 수 있다.

비키 트레이너 VICKY TRAINOR

비키 트레이너는 핸드메이드 인테리어 소품 브랜
드 '더 빈티지 드로어'와 '더 리넨 가든'의 창립자
다. 스스로가 기억하는 한 비키는 태어나서 지금
까지 크래프터로 살아왔다. 언제나 무엇인가를
모으고, 줍고, 관찰하고, 만들었다.

"박람회에서 제품을 시판해보고 특정 디
자인, 제품과 가격에 대한 사람들의 의
견을 듣는 일은 정말 즐거워요. 사람들과
현실 속에서 인간 대 인간으로 만나는
것도 보람 있는 일이죠."

그러다 보니 비키는 자연스레 대학에서 섬유와
자수를 전공했다. 현재 운영 중인 '더 빈티지 드
로어'는 소재, 자수, 디자인, 데커레이션, 패브릭,
아끼는 물건과 바느질 도구 활용, 만들기, 재활용,
재사용, 꾸미기, '고쳐 쓰고 다시 쓰기'의 정신을
실현하기에 이르기까지 그녀가 좋아하는 것들을
총망라한 사업이다. 주로 낡은 자수 테이블보와
빈티지한 패브릭, 깨끗한 면사 등을 골고루 활용
해 작업한다.

크래프트 디스플레이

비슷한 디자인끼리 작은 그룹으로 묶고, 한 디자인에 대해서는 한 가지 제품만 디스플레이하면 판매대의 복잡함을 최소화하면서도 많은 제품을 선보일 수 있다.

디스플레이는 너무 튀지 않게 한다. 디스플레이는 제품을 돋보이게 하기 위해 존재하는 것인 만큼, 디스플레이가 고객의 시선을 두고 제품과 경쟁하는 일은 없어야 한다. 세상에서 가장 아름답고 정교한 디스플레이를 선보이더라도 사람들이 내내 디스플레이 칭찬만 하고 제품은 알아보지도 못한다면 아무 소용이 없다.

디스플레이 소품을 구입할 때는 집에서 활용하는 방법도 생각해보자. 이렇게 하면 첫 크래프트 박람회에서 생각만큼 많은 수입을 올리지 못했더라도 디스플레이 소품을 재활용할 수 있으니 쓸데 없는 지출을 막을 수 있다. 예를 들어 벽지를 바른 낡은 책장은 눈에 띄는 디스플레이 연출에도 유용하고, 집에서도 사용할 수 있다.

재고는 충분히 준비하자. 모자라는 것보다는 넘치는 것이 낫다. 박람회 개최 시간이 저녁인지 밤인지, 주말인지 주중인지 크리스마스 시즌인지, 또는 종일 열리는지 등 행사 시기와 기간도 고려해야 한다. 판매대를 채우려면 제품이 몇 가지나 필요한지 가늠해본다. 규모가 크지 않은 행사에서는 작고 비싸지 않은 소품을 최대한 활용하는 것이 좋다. 그런 박람회에 오는 사람들은 현금을 많이 가지고 다니는 않지만 갖고 있는 돈으로 충동구매를 할 수 있기 때문이다. 제품은 반드시 필요할 것으로 예상되는 양보다 넉넉

하게 만들어둔다. 남으면 다음 박람회나 온라인 숍에서 판
매하면 된다.

판매대는 프로다운 인상을 줄 수 있도록 깔끔하고 정돈된
모습으로 유지하자. 어수선한 모습은 품질이나 이미지에
마이너스 요소가 된다. 어수선하지 않으면서도 풍부해 보
일 수 있는 방법은 여러 가지가 있다. 우선 제품을 비슷한
종류끼리 묶어보자. 예를 들어 핸드메이드 냉장고 자석은
벽걸이형 자석 칠판에 모아 붙여놓으면 좋다. 물건이 빠지
면 자석을 더 붙인다. 자석이 거의 다 떨어져 공간이 비면
남은 자석으로 홍보 자료를 고정한다.

참가 업체 자리를 현장에서 지정하는 박람회도 있다. 이럴
때는 현장에 일찍 도착해 좋은 자리를 맡아둔다. 일찍 도
착하면 주차를 하고 판매대를 꾸밀 시간도 벌 수 있어 첫
손님이 도착하자마자 준비된 모습을 보일 수 있다. 박람회
에서 물건을 판매하기 위해 책임 보험이 필요하다면 미리
알아보고 준비한다.

"판매대 꾸미기는 항상 미리 연습해보세요. 판매대 층을 어떻게 나눌지 생각하고, 뒷벽까지 꾸며보세요. 그런 다
음 고객이 실제 사용할 모습처럼 연출해 제품을 배치하세요. 테이블 위에 한꺼번에 쌓아놓고 잘 팔리길 바라면
안 돼요. 제품을 가장 돋보이게 하는 소품을 사용하세요. 이런 소품 아이디어는 빈티지 숍이나 중고 물품점에서
쉽게 구입할 수 있답니다. 브랜드와 잘 어울리는 소품으로 고르는 것을 잊지 마세요." 에마 램

크래프트 디스플레이 소품 DISPLAY YOUR CRAFTS

옷걸이에는 옷만 걸 수 있는 것이 아니다. 스카프나 벨트 같은 액세서리, 베갯잇과 담요, 누비이불과 같은 인테리어 침구를 걸어놓아도 좋다. 옷걸이를 패브릭으로 장식하거나 페인트로 칠해 브랜드의 느낌과 디자인에 잘 어울리는 디스플레이용 옷걸이를 직접 만들어보면 어떨까?

브랜드 옷걸이

1 우선 양면테이프를 길게 두 쪽 잘라 천 조각에 붙인다. 테이프 둘레를 따라 조심스럽게 천 조각을 잘라 테이프가 전체 면에 붙도록 한다.

2 양면테이프의 종이를 1인치 정도 벗겨내고, 테이프가 붙은 쪽을 아래로 해서 옷걸이에 붙인다. 종이를 벗겨가면서 천을 옷걸이에 단단히 말아 붙인다. 천이 남지 않을 때까지 만 후 다른 천을 붙여 이어나간다. 이때 앞에 붙인 천의 끝 부분은 잘 덮어 감춘다.

3 처음 시작했던 곳까지 돌아오면 옷걸이 고리를 같은 방법으로 천으로 감싼다. 길게 삐져나온 끝 부분은 가위로 다듬고 옷걸이 목에 리본을 묶어 완성한다.

준비물

- 양면테이프
- 천 조각
- 철제 옷걸이
- 리본

페인트칠한 옷걸이

1 마스킹 테이프로 옷걸이의 금속 고리를 감싸 스프레이 페인트가 묻지 않도록 한다.

2 사용 설명서에 따라 조심스럽게 나무 옷걸이에 스프레이 페인트를 뿌린다. 옷걸이 전체에 페인트가 고르게 입혀져 원래 색이 완전히 보이지 않을 때까지 계속한다.

3 건조시킨다. 필자는 페인트를 얇게 여러 번 입혀가면서 중간중간 말린다. 그래야 페인트가 흘러내리지 않고 전체가 고르게 칠해진다.

준비물

- 나무 옷걸이
- 마스킹 테이프
- 목재에 사용 가능한 스프레이 페인트

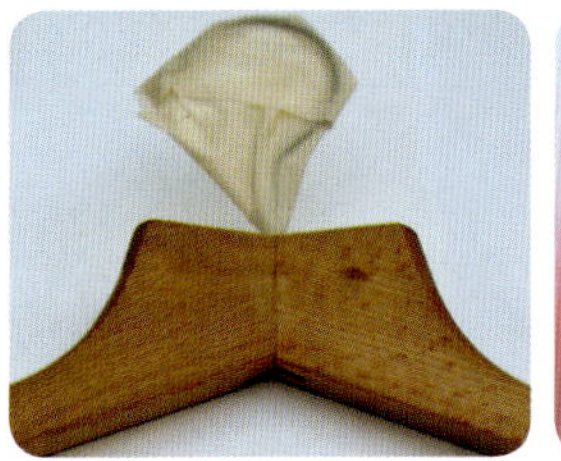
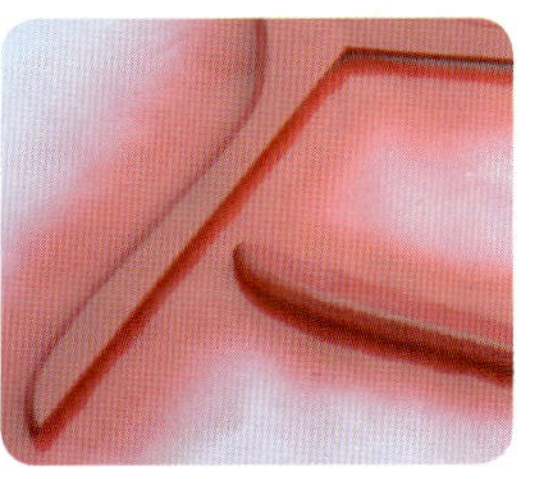

크래프트 박람회 체크리스트
CRAFT FAIR CHECKLIST

1 **디스플레이 재료**

- ☐ 제품 재고
- ☐ 디스플레이 소품
- ☐ 안내판
- ☐ 멀티탭과 전선 연장선, 조명
  (현장에 전기가 연결되는지, 충전은 되는지 미리 확인한다)
- ☐ 바퀴 달린 수레, 큰 가방
- ☐ 응급 상황 대비 키트
  (안전핀, 단단한 고무 끈, 케이블 타이, 가위, 노끈, 절연테이프)
- ☐ 우천 시 대비 비닐 또는 덮개

2 **제품 판매를 위한 준비물**

- ☐ 잔돈
- ☐ 신용 결제 시스템(square.com을 사용하거나 82쪽에
  제시된 것과 같은 휴대폰 결제 방법을 찾아보자)
- ☐ 영수증 또는 판매 기록부
- ☐ 포장 재료, 상자, 선물 포장지, 꼬리표
- ☐ 필기구

3 **마케팅 자료**

- ☐ 명함
- ☐ 기타 홍보 자료
- ☐ 이메일 주소 명단을 받기 위한 서식

4 **개인적으로 필요한 물건**

- ☐ 현금을 넣을 주머니가 달린 앞치마나 가방
- ☐ 개인 응급 상황 대비 키트
  (휴지, 립밤, 자외선 차단제, 아스피린, 반창고)
- ☐ 물과 간식거리
- ☐ 의자
- ☐ 크래프트 재료
- ☐ 추위를 대비한 여벌 옷, 햇빛을 가리기 위한 모자나 우비
- ☐ 편안한 신발

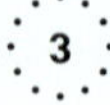
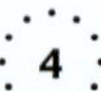

1
3
4

판매 행사가 끝난 후에는?

행사가 끝나면 항상 수익을 계산한다. 행사 참가비, 교통비를 비롯해 모든 잡비를 잊지 말고 포함해 계산한다.

어떤 제품으로 가장 많은 수익을 냈는지 알면 생산량도 그에 맞게 조절할 수 있다.

행사별로 홍보 활동이 매출에 미친 효과를 알아보는 것도 좋다. 박람회장을 찾아 명함을 가져갔다가 나중에 웹사이트를 찾는 단골손님 한 명만 확보하더라도 이번 박람회는 성공한 셈이다.

경험이 쌓이면 어떤 박람회에 참석하는 것이 수익성이 좋을지 파악할 수 있다.

"박람회에 참가할 때면 항상 제 브랜드 홍보 책자를 모두 챙겨요. 그냥 수다 떨러 오든, 구경하러 오든, 아니면 물건을 사러 오든, 제 판매대를 방문하는 사람들은 누구든지 정성 들여 만든 홍보 책자를 가지고 가죠. 전 홍보 책자를 시각적으로 흥미롭게 구성하려고 노력해요. 버리지 말고 오래 간직했으면 하는 마음이죠. 작업실에 가져가 보드에 꽂아놓는 사람들도 있어요."

더 빈티지 드로어 비키 트레이너

매장 판매의 기술

매장 판매는 사업을 확장하는 좋은 방법이다. 내 제품을 매장에 선보인다는 것은 상당히 명예로운 일이기도 하다. 하지만 다양한 제품, 확실한 브랜드, 이미지, 포장, 가격 체계를 잘 갖추고 웹사이트와 SNS 운영이 궤도에 오르기 전까지는 매장 판매는 시도할 생각조차 하지 말아야 한다.

이제 본격적인 문제다. 어떻게 내 매장을 시작할 수 있을까? 우선 살고 있는 지역과 인근에서 내 크래프트를 판매할 만한 가게를 몇 곳 찾아보자. 위치는 각각 다른 지역에 분산해야 직접적으로 경쟁을 벌일 일이 없다.

물건을 팔고 싶은 매장은 반드시 직접 방문해야 한다. 처음부터 자기소개를 하는 것은 금물이다. 가게를 둘러보면서 물건을 어떻게 팔고, 포장은 어떻게 하고, 홍보는 어떻게 하는지 살펴본다. 판매 중인 제품의 가격을 확인하고 내가 갖고 있는 유사한 아이템과도 비교해 내 제품의 품질과 스타일이 이 매장에서 판매하는 제품과 어울리는지 확인한다. 그런 다음 온라인 시장조사로 넘어가 매장의 웹사이트와 SNS를 둘러본다. 거래를 시도하기 전에 목표로 삼은 매장에 대해 확실히 파악해야 한다.

섭외 대상 후보를 선택했으면 이메일이나 전화로 해당 매장의 매니저나 소유주, 바이어에게 연락해 면담을 요청한다. 면담에 임할 때는 직장을 구하기 위한 면접을 본다고 생각하고, 예의 바르면서도 프로답고 자신감 있는 모습을 유지한다. 면담을 할 때는 항상 샘플 제품을 가져가야 한다. 포장까지 예쁘게 해서 가져가면 완성도를 높여 좋은 평을 얻을 것이다.

매장 판매를 위한 도매가격은 미리 정해둔다(78~80쪽 공식 참조). 자체 온라인 숍에서는 소매가격으로 판매해도 되지만, 다른 매장에서 판매할 때는 해당 매장도 임대료, 보험료, 인건비 등을 충당하고 이윤을 남겨야 한다는 점을 기억하자. 바이어 측에서는 권장 소매가격도 알고 싶어 할 것

- **들이대기**

  예고 없이 상품을 들고 나타나 매장 주인에게 들이대지 마라. 대부분 매장 주인에게는 무척 거슬리고 경솔한 행동이 된다.

- **엉성한 가격 체계 설명**

  제품의 도매가를 확실히 숙지해야 한다. 바이어가 나 대신 숙지하고 있기를 바랄 수는 없기 때문이다.

- **무조건 밀어붙이기**

- **내 이야기만 하기**

  상대방의 매장에 대한 이야기도 나누고 무엇이 마음에 들었는지 이야기하면서 바이어와 교감을 형성해보자. 칭찬받는 것은 누구에게나 즐거운 일이다.

- **자책하기**

  상대방이 거래를 거절하는 데에는 가격 문제, 공간 사정, 기존 판매 제품과의 유사성 등 수백 가지 이유가 있을 수 있다.

이다. 거래 조건도 면담하기 전에 미리 생각해야 한다. '계약 사항'은 대금 결제를 언제 어떻게 할지에 대한 것이고, '판매 조건'은 최소 주문 개시량 등에 대한 조건이다. 예를 들어 '해당 매장에서는 제품 최소 10개 이상, 또는 75파운드 이상을 매입한다. 또는 필요하다면 더 많이 매입할 경우 어떤 식으로 할인을 한다'는 등의 내용이다.

마지막으로 면담 때 제출할 소개서, 홍보 책자, 아니면 명함이라도 시간을 투자해 준비한다. 이 자료에는 연락처와 거래 조건, 도매가와 권장 소매가 등의 정보를 넣는다. 제품 사진과 솔깃한 설명을 곁들이면 상대에게 좋은 인상을 남길 수 있다. 이렇게 준비하면 면담 때 스스로 자신감도 생기고, 프로다운 입지도 강화된다.

안 크레시 ANNE CRESCI

안 크레시는 일러스트 제품 브랜드인 마
틸루의 창립자다. 그래픽 디자인과 미술
을 전공한 안은 1999년부터 일러스트 일
을 시작했고, 2009년 엣시를 알게 되었
다. 새로운 것에 도전해보고 싶었던 그녀
는 직접 작업한 일러스트를 바탕으로 주
얼리를 만들었다.

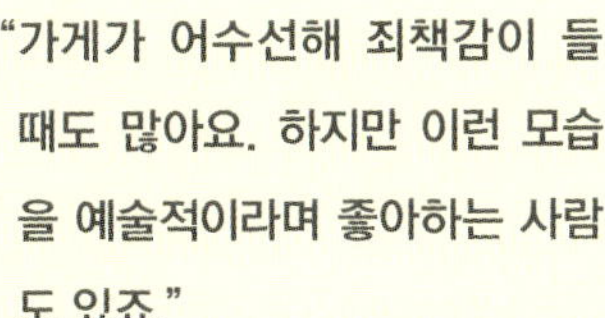

"가게가 어수선해 죄책감이 들
때도 많아요. 하지만 이런 모습
을 예술적이라며 좋아하는 사람
도 있죠."

모든 크래프터에게서 영감을 얻는 안은
스스로의 목걸이 디자인에 대한 영감을
주기 위해 자기만을 위한 일러스트 컬렉
션을 시작했다. 그때부터 그녀의 사업은
본격적으로 성장했다.

CHAPTER 5

세상과 소통하는 방법

페이스북부터 인스타그램까지

크래프트 사업을 시작한 많은 사람들은 홍보에 시간을 충분히 투자하지 않는 실수를 범한다. 내가 누구이고, 무엇을 하며, 그것이 왜 중요한지 확실히 보여주자. 나의 모든 행동이 곧 브랜드의 전문성을 나타낸다고 생각하고 항상 최선을 다하자. 나 자신과 크래프트를 마케팅하는 방법은 크래프터라면 누구나 꼭 배워둬야 할 가장 중요한 요소다.

입소문, 어떻게 내지? ·· 110
우리 제품이 특별한 이유를 알려줄게요 ····················· 111
온라인 홍보, 놓치지 말자! ···································· 112
잠재 고객을 만드는 일, 블로그 운영 ························· 124
'척'하면 아는 브랜드, 인지도 높이기 ························· 126

입소문,
어떻게 내지?

마케팅을 간단명료하게 정의하자면 어떤 제품이나 브랜드를 팔기 위해 선택한 시장에 노출하는 것이다. 아무리 독특한 브랜드를 개발하더라도 마케팅을 하지 않으면 수익을 창출할 수 없다. 잘 알지도 못하는 제품을 구입할 소비자는 없기 때문이다. 마케팅에는 피나는 노력과 인내력이 필요하다. 사업을 그만두는 날까지 마케팅은 계속되어야 한다. 대기업들은 회사 브랜드와 제품 마케팅에 막대한 자금을 투자한다. 그런 방식이 싫든 좋든 효과가 있다는 것은 누구도 부인할 수 없다. 하지만 돈을 들이지 않고도 나와 내 브랜드를 마케팅할 방법은 많다.

필자가 '뜻이 맞는 다른 크래프터들과 친구 맺기'라고 정의하는 네트워킹이란 공동체 안에서 눈에 띄도록 모습을 드러내는 것을 말한다.

> **"명함은 항상 가지고 다녀야죠. 언제 어디서 꺼낼 기회가 생길지 모르니까요."** 시티 시크 컨트리 마우스

온라인과 오프라인에서 새로운 사람을 만나고, 진심으로 친밀해지는 것이 네트워킹이다. 네트워킹을 통해 크래프트 업계에 대해 이해할 수 있도록 도와줄 친구, 업계 지인과 관계를 맺을 수 있다. 필자도 블로그 이벤트, 크래프트 박람회와 SNS를 통해 멋진 친구를 여럿 만났다. 그러니 일단 나가서 "안녕하세요!" 하고 말을 걸어보자. 크래프터의 매력을 한마디로 표현할 수 있는 단어는 '진실함'과 '사랑스러움'이니까.

TIPS

- 명함을 나누어준다. 물론 받기도 해야 한다. 명함 교환은 한번 만난 사람과 관계를 지속하기에 좋은 방법이다.

- 각자의 성격과 스타일에 가장 잘 맞는 네트워킹의 기술을 선택한다.

- SNS에서 뜻이 맞는 다른 크래프터와 대화를 한다.

- 네트워킹은 우연에만 맡길 일이 아니다. 시간이 될 때마다 박람회, 전시회, 쇼케이스와 같은 행사를 찾아다닌다.

- 네트워킹은 다른 사람을 돕는 방법 중 하나라고 생각한다.

- 웃는 얼굴로 즐긴다. 네트워킹은 즐기려고 하는 것이지 과제가 아니다. 있는 그대로의 내 모습을 보여주자.

- 시간제로라도 직원을 고용한다면, 고용 관련 법을 숙지하고, 직원이 최대한의 성과를 내도록 하는 방법을 생각해본다.

우리 제품이
특별한 이유를 알려줄게요

마케팅 자료를 만들기 전에 우선 내가 만든 제품의 장점에 대해 생각해보자. 경쟁 제품과 차별화되는 브랜드만의 강점은 무엇인지 나만의 독특한 셀링 포인트를 모아 적어본다. 마케팅하고자 하는 여러 크래프트 제품의 카탈로그나 홍보 책자를 만들어보자. 늘 그렇듯 가장 잘 나온 고화질 사진을 사용한다. 제품에 대해 확실히 알 수 있도록 명확한 설명을 덧붙인다. 가격표를 별도로 만들어 주문 규모에 따라 꾸준히 업데이트하는 것도 좋은 방법이다.

홍보를 할 때는 사용 가능한 모든 방법을 활용한다. 온라인숍이나 행사 판매대에만 기대어 손님을 유치하고 브랜드의 인지도를 향상시키려 하면 안 된다. 개인 블로그, 페이스북, 트위터, 플리커, 핀터레스트 등 기존 대형 사이트의 장점을 최대한 활용해 홍보에 이용한다. 입소문은 내 브랜드를 신뢰하고 좋아하게 된 고객들이 토론, 콘텐츠 생산, 자료 공유를 통해 다른 이에게 전달할 때 퍼진다. 잡지사나 다른 블로그와도 네트워킹을 구축해 나와 내 브랜드를 알리고, 새롭거나 재미있는 아이디어가 있다면 네트워킹을 통해 이들에게 전파하자.

TIPS

- 마케팅 자료는 온라인 버전과 인쇄물 버전 두 가지로 제작해 최대한 많은 사람에게 전달될 수 있도록 한다.

- 가능한 한 강렬하고 창의적인 방법으로 접근해 경쟁 업체와 차별화한다.

온라인 홍보, 놓치지 말자!

인터넷 사용자가 텔레비전을 상대적으로 덜 본다는 것은 널리 알려진 사실이다. 읽으면 기분 좋아지는 블로그가 있고, 핀터레스트에는 멋진 영감을 주는 소재가 가득하며, 페이스북을 통해 연락할 친구가 있고 온라인 강좌도 들어야 하니 텔레비전 볼 시간이 없는 것은 당연하다. 필자도 집 꾸미기, 크래프트 작업, 식사, 수면, 업무 등에 할애하는 시간을 제외하고는 여지없이 인터넷의 바다에서 몇 시간을 보낸다. 인터넷을 통해 얼마나 많은 사람에게 나의 크래프트를 소개할 수 있을지 생각해보자. 제품 사진과 웹사이트 링크를 드러내되, 공식 판매처가 아닌 곳에서는 프로페셔널해 보이지 않을 수 있으니 노골적으로 크래프트를 판매하지는 말자. 그저 커뮤니티의 일원이 되어, 대가를 바라지 않고 베푼다.

어디에서 시작하면 좋을까? 수많은 SNS 웹사이트에서 베풀고 참여하며 기회를 노려볼 수 있다. 이 중 한두 곳에서 우선 시작하고, 자리가 잡히면 가지를 뻗어나가면 된다. SNS 서비스는 대부분 무료로 이용할 수 있으니 우선 모두 가입하고 하나씩 사용하면서 가장 마음에 드는 사이트를 찾으면 된다. 브랜드 이름으로 가입해야 한다는 것을 잊지 말자.

지금처럼 SNS가 대세인 시대에 온라인 홍보는 무척 간단하다.

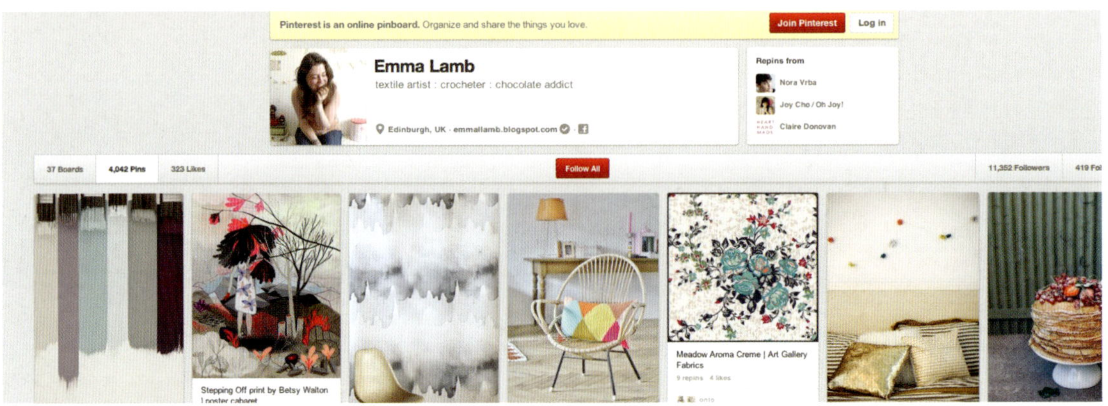

타비타 에마 TABITHA EMMA

자수 크래프트 브랜드 '타비타 에마'의 창립자인 타비타 에마 브레이는 호주 출신의 디자이너 겸 크래프터다. 고등학교 수업 시간에 동전 지갑을 만들면서 바느질을 배웠다. 학교 수업이 인생을 바꾸어놓은 셈이다. 이후 타비타는 화이트 하우스 디자인 학교에서 패션과 섬유 디자인을 공부하고 주립 기술대학 엔모어 디자인 센터에서 그래픽 디자인과 홍보를 공부했다.

> "제가 가장 좋아하는 SNS는 트위터예요. 디자인과 크래프트 관련 행사 정보를 얻기에도 아주 좋고, 제가 하는 일을 인정해주고 저와 뜻이 맞는 사람들과 연락하기에도 좋죠."

타비타는 패션 업계가 자신과 맞지 않는다는 결론을 내리고 2007년부터 엣시에서 직접 만든 핸드메이드 지갑과 핸드백을 판매하기 시작했다. 사업은 빠르게 성장했고, 용기와 자극, 영감을 준 수많은 사람들의 도움에 힘입어 사업 영역을 점점 확대하고 있다.

창의적 작업과 디자인을 사랑하는 타비타는 일러스트, 섬유, 패션, 프린트 그래픽, 디지털 애니메이션, 웹 디자인 등 창의력이 필요한 다양한 작업을 한다. 2007년부터 파트타임 프리랜서로 일하다가 2010년부터는 전업 프리랜서로 일하고 있다.

페이스북

페이스북은 사용자 수나 접근성 면에서 봤을 때 세계에서 가장 많이 이용하는 SNS다. 소규모 크래프트 비즈니스가 페이스북을 가장 잘 활용하는 방법은 무엇일까?

페이스북은 개인적인 네트워킹 수단을 넘어 크래프트 브랜드에 유용한 도구가 될 수 있다. 페이스북에서는 내 회사의 페이스북 페이지 만들기, 특정 주제에 대한 그룹 만들기, 표적 집단 광고 등을 통해 다양한 방법으로 온라인 커뮤니티에서 브랜드 홍보 활동을 할 수 있다. 페이스북 활동은 SNS 마케팅을 할 때 반드시 해야 한다. 가족과 친구는 내 아이 사진을 보고 싶어 하겠지만, 내가 인물 사진작가가 아닌 이상 아이 사진을 보고 싶어 하는 고객은 없을 것이다. 그런 의미에서 페이스북 페이지를 개설하려면 개인 생활과 사업을 분리해야 한다. 뿐만 아니라 페이스북 페이지에는 오로지 내 네트워크와 연동할 수 있는 빌트인 툴과 기능이 갖추어져 있다. 예를 들어 페이지가 있는 페이스북 사용자는 페이스북 광고를 구입해 포스팅하고, 페이스북 '인사이트'라는 기능을 활용해 어떤 포스팅이 효과가 있는지 알아볼 수 있다. 어떻게 했을 때 입소문이 잘 퍼지는지 알아보고, 내 페이지 팔로어의 연령대와 성별도 잘 살펴보자.

그런데 여기서 말하는 페이스북 페이지라는 것이 대체 무엇일까? 페이스북 측의 설명을 들어보자.

"페이스북 페이지는 기업이나 상품을 페이스북 사용자와 공유할 수 있도록 도와주는 공개 프로필입니다."

페이스북 계정만 있으면 누구나 몇 분만에 페이스북 페이지를 만들 수 있다. 사용료도 필요 없고 방법도 간단하다. 하지만 그냥 페이스북 페이지를 만드는 것과 독자를 끌어들일 수 있는 좋은 페이스북 페이지를 만드는 것은 아주 다른 일이다. 하지만 다행스럽게도 웹 디자이너, 프로그래머, 마케팅 전문가나 IT 업계 거물들만 매력적인 페이스북 페이지를 만들 수 있는 것은 아니다. 필요한 것은 약간의 인내심과 시간, 그리고 유용한 조언뿐이다. 그 유용한 조언은 이 책에서 찾을 수 있다.

우선 기본부터 시작해보자. 페이스북에 아직 가입하지 않았다면 우선 회원 가입을 해서 개인 계정을 만들어야 한다. 개인 페이지에 로그인을 한 다음 '페이지 만들기'를 클릭한다. 지역 비즈니스 또는 장소를 아직 확보하지 못했다면 '상표 또는 제품명' 카테고리를 선택하면 된다. 브랜드 이름을 입력하고 '시작하기' 버튼을 누르면 페이지가 완성된다. 이렇게 간단할 수가!

사용자명은 반드시 눈에 띄는 것으로 짓자. 브랜드 이름을 사용자명으로 사용할 것을 강력하게 권한다. 사용자명이 페이지의 웹 주소URL로도 사용되기 때문이다. 페이스북에는 이미 엄청나게 많은 페이지가 있기 때문에 내가 가장 사용하고 싶은 주소를 누군가가 이미 사용 중일 수도 있다. 그래서 최대한 빨리 페이스북 페이지를 만들고 좋은 사용자명을 선점하는 것이 중요하다. 지금은 페이스북에 크게 의존하지 않더라도 나중에 언젠가는 필요할 수 있다.

"블로그와 페이스북 페이지는 저를 홍보하고, 제가 만든 제품에 대해 이야기하고 고객과 소통하기에 가장 좋은 공간이에요. 아무리 지나쳐도 죄책감 없이 얼마든지 제품 이야기를 할 수 있거든요. 블로그는 포스트 한 개에 사진을 여러 컷 넣고 자세한 정보를 많이 담을 수 있으니 신제품에 대해 심도 있게 설명하기에 안성맞춤이고, 페이스북 페이지는 방문자가 많아 신속하게 업데이트를 하거나 고객의 관심을 끄는 데 좋아요." 에마 램

'더 알아보기' 메뉴에서 페이스북 페이지 사용 규칙을 자세히 숙지해 페이지를 시작하기도 전에 규칙 위반으로 폐쇄당하는 일이 없도록 주의하자. 그다음 할 일은 프로필 사진을 추가하는 것이다. 프로필 사진은 페이스북 페이지에 작게 게시되고, 사용자가 올리는 모든 포스트와 사진 옆에 아바타처럼 나타난다. 페이스북 페이지 프로필 사진으로는

브랜드 로고를 사용하는 것이 가장 좋다. 로고가 사람들 눈에 자주 띌수록 더 많이 알아보고, 브랜드를 연상할 수 있기 때문이다.

페이스북의 추가 기능

페이지를 만들었으면 타임라인 커버 사진도 추가해야 한다. 타임라인 커버는 브랜드를 잘 드러내는 사진으로 골라 방문자가 이 페이지에서 무엇을 볼 수 있을지 금방 알 수 있도록 한다. 제품을 부각하면서 사람들의 이목을 끌 수 있는 사진이 좋다. 타임라인은 페이스북 담벼락과 프로필을 합쳐 보여주는 새로운 디자인 기능으로, 과거와 현재의 콘텐츠를 페이스북 페이지에서 모두 볼 수 있게 해준다.

페이스북 페이지의 '정보 추가' 공간에는 크래프트에 대한 간단한 소개 글을 작성할 수 있다. 내가 제공하는 서비스에 대한 가장 중요한 정보를 담아, 방문자의 눈길을 끌 수 있도록 하자. 이 글이 검색에도 사용되기 때문에 문장은 최대한 간단명료하게 쓰고 키워드를 많이 포함한다. 키워드도 신중하게 골라야 한다.

개인 웹사이트 주소를 간단한 소개 글에 포함하는 것도 잊어서는 안 된다. 그렇지 않으면 웹사이트 주소가 긴 소개 글에 파묻혀 '내 소개' 버튼을 클릭하지 않으면 볼 수 없게 된다. 개인 웹사이트 주소는 반드시 페이지 상단의 간단한 소개 칸에 넣어 사람들이 더 쉽게 브랜드에 대해 알 수 있도록 하자.

페이지 상단은 페이지가 열렸을 때 보이는 첫 화면으로, 보는 이가 알아야 할 모든 정보를 아주 빠르게 제공하는 것이 중요하다. 페이스북 사용자 대다수에게 글자만 잔뜩 있는 화면은 흥미를 떨어뜨리는 주범이다. 방문자가 내 페이지를 방문했을 때 무엇을 알고 싶어 할지 생각해보자. "이 사이트는 뭐 하는 곳이지?"와 "어디를 클릭해볼까?" 등이 있을 것이다. 첫 화면을 근사하고 흥미롭게 만들어야 방문자가 페이지를 좀 더 자세히 살펴볼 수 있고, 마침내 '좋아요' 버튼을 누르게 될 것이다.

첫 화면을 더 재미있게 만들고 싶다면 무료 앱을 설치하고 이벤트나 비디오와 같은 콘텐츠를 추가해 방문자에게 다양한 경험을 제공하자. 가장 재미있는 내용을 맨 앞 가운데에 배치한다. 여기에 배치되는 콘텐츠는 페이스북 커버 사진 아래 앱 썸네일 코너에도 자동으로 올라온다. 사진 탭은 첫 번째 칸에 고정되어 있지만 다른 메뉴는 옮길 수 있다. '좋아요' 탭을 제외한 모든 탭에는 직접 이미지를 선택해 올릴 수 있어 브랜드를 더 확실하게 드러낼 수 있다. 페이지를 완성했으면 모든 페이스북 친구들에게 '좋아요'를 눌러달라고 부탁하자. 본격적으로 사업을 시작하고 후속 조치를 도모할 수 있다.

페이지를 만든 후

초기 설정을 끝냈다면 방문자가 보고 싶어 하고 읽고 싶어 하는 재미있고, 의미 있고, 유용하며 흥미로운 콘텐츠를 만든다. 우선 크래프트를 소개하는 강렬한 포스트와 사진을 올린다. 볼만한 콘텐츠가 없는 빈약한 페이스북 페이지에 '좋아요'를 누를 사람은 없다는 것을 잊지 말자. 카피는 짧고 밀도 있게, 되도록 90자를 넘지 않도록 하고, 외부 링크가 있다면 90자 안에 반드시 노출되도록 한다. 방문자의 참여도를 높이려면 질문 형태의 포스트를 올린다. 최고의 성과를 얻으려면 하루 10분씩은 페이스북 페이지 관리에 투자하는 습관을 들이는 것이 좋다.

왜 10분일까? 이유는 여러 가지가 있지만, 가장 중요한 것은 페이스북이 고객과의 관계를 공고히 하는 데 도움이 된다는 점이다. 사업 규모가 작을수록 이러한 고객과의 관계가 크래프트 비즈니스를 성공적으로 운영하는 데 중요한 역할을 한다. 사업의 인간적인 측면을 강조하면 나와 고객 사이에 강한 유대 관계가 형성되는데, 여기에는 앞서 말했듯 크래프트 제품에 담긴 비하인드 스토리가 대단히 중요한 역할을 한다.

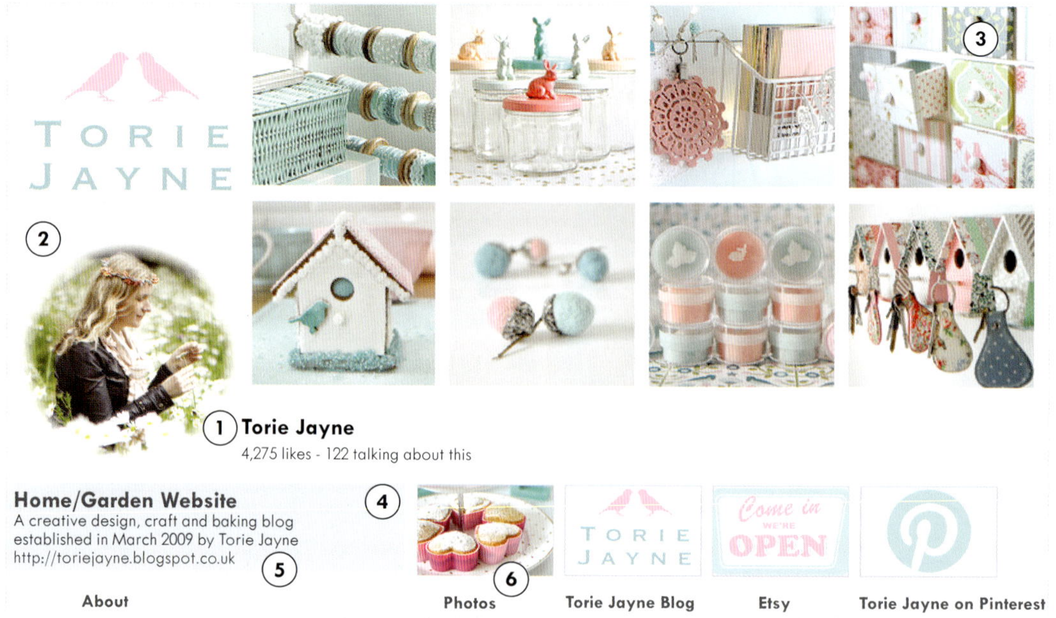

1 크래프트 브랜드 이름을 사용자명으로 만들어 일관성을 유지한다. 사용하고 싶은 이름을 점유하려면 최대한 빨리 페이지를 만들어야 한다.

2 이 이미지는 페이스북 페이지에 조그맣게 게시되고 아바타 대용으로도 사용된다. 아바타 선택과 디자인 요령은 60~61쪽을 참조하자.

3 내가 만든 크래프트를 잘 보여주고 브랜드를 대표할 수 있는 타임라인 커버 사진을 선택한다.

4 이 부분은 소개 글 칸으로, 나의 비즈니스를 몇 마디로 설명할 수 있는 공간이다. 이 칸에는 사람들이 검색 창에 입력할 만한 키워드를 많이 넣어야 한다.

5 웹사이트 주소를 소개 글 칸에 넣고, 최대한 위쪽으로 배치해 페이지를 방문하는 사람 누구나 볼 수 있도록 한다.

6 이 칸도 페이지 첫 화면을 구성하는 요소다. 여기에는 짤막한 문구와 매력적인 이미지를 담아 방문자가 이 페이지에서 무엇을 볼 수 있는지 확실히 알 수 있어야 한다.

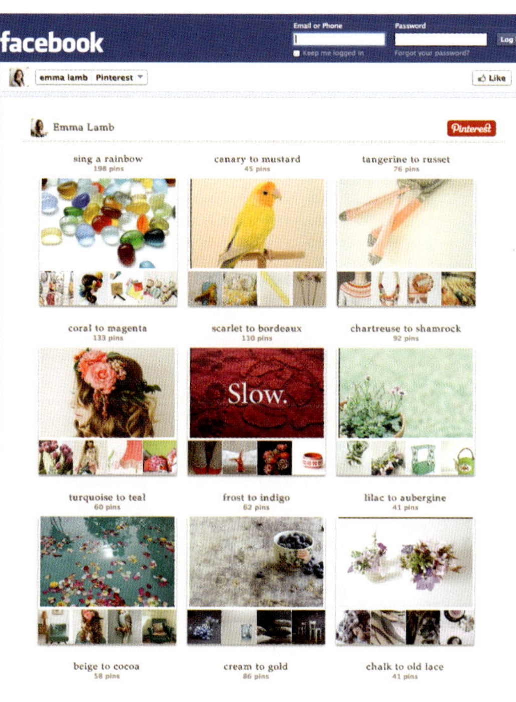

페이스북 용어 TERMINOLOGY

좋아요 LIKE
어떤 페이지의 활동을 계속해서 업데이트받을 수
있도록 해당 페이지를 내 계정에 연결하는 방식

알림 NOTIFICATION
댓글이나 질문이 올라오는 등 내 페이지가
업데이트되었을 때 알려주는 기능

상태 STATUS
내가 현재 하고 있는 활동을 방문자가 알 수 있도록
하는 도구

TIPS

• 페이스북에 콘텐츠를 올릴 시간이 없으면 어떻게
해야 할까? 문제없다. 블로그 포스트와 트위터
메시지가 자동으로 페이스북에 업데이트되도록
설정할 수 있다. 하지만 자동 포스팅에만
의존해서는 안 된다. 페이스북만을 위한 독자적
포스트를 올리는 일도 꾸준히 해야 한다.

• 페이스북 소셜 플러그인을 사용하면 방문자들이
내 웹사이트나 블로그에서도 클릭 한 번으로
내 페이스북 페이지에 '좋아요'를 누를 수 있고,
내 페이스북에서 웹사이트나 블로그 포스트에
'좋아요'를 누르거나 자신의 페이스북 계정에
포스트를 공유할 수 있다.

• 자세한 소개 페이지는 최대한 자세히 작성한다.
나의 스토리를 모두 들려주고 브랜드에 대해
충분히 설명하기 위해 필요한 정보를 가능한 한
많이 담는다.

• 스마트폰을 통해 바로바로 고객과 소통한다.

• 판매에만 집중하지 않는다. 페이스북과 같은
SNS에서는 매일 판매 글만 올리면 오래
살아남을 수 없다. 창의력을 발휘해 잠재 고객이
나를 개인적으로 알아갈 수 있도록 하고,
내 작업 방식이나 영감을 공유하면서 관계를
맺어나가는 것이 좋다.

• 나의 페이스북 팬들에게는 다른 어떤 곳에서도
얻을 수 없는 무언가를 제공해야 한다.

핀터레스트

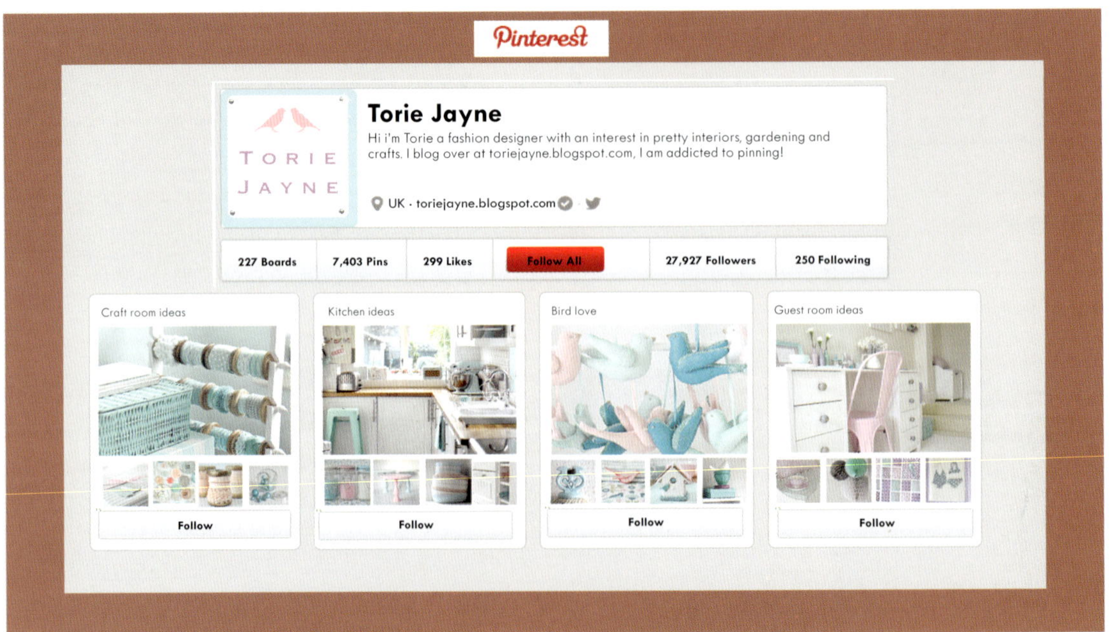

핀터레스트는 웹상에서 내가 좋아하는 이미지를 수집·정리·공유할 수 있는 사진 공유 SNS로, 일종의 가상 핀 메모판이라고 할 수 있다. 페이스북과 트위터를 비롯한 다른 SNS가 개인 생활 공유와 상태 업데이트에 치중하는 반면, 핀터레스트는 오로지 시각적인 이미지로만 활동이 이루어진다. 핀터레스트에는 이미지나 비디오를 포함한 콘텐츠가 아니면 아예 올릴 수 없다. 2010년에 생긴 핀터레스트는 SNS 중 최초로 2년 내에 1000만 사용자를 돌파했고, 실 사용자 수 기준으로 세계 10대 SNS 중 하나다. 크래프터로서 어떻게 핀터레스트를 활용하면 좋을까?

- 사람들이 핀터레스트를 사용하는 이유는 시각적 영감을 얻거나, 위시 리스트를 작성하거나, 사진으로 가장 잘 표현할 수 있는 아이디어를 정리하고 공유하기 위해서다. 내가 올린 크래프트 사진을 사람들이 끊임없이 '핀'하고, 위시 리스트에 담는 것이 가장 이상적이다.

궁극적으로는 브랜드 노출을 좀 더 늘리는 방법이 될 수 있다.

- 핀터레스트 계정을 만들 때는 트위터나 페이스북 계정 연동 여부를 선택할 수 있다. 핀터레스트의 소셜 플러그인을 활용해 내 웹사이트나 블로그에서도 페이지를 팔로할 수 있도록 하자. 블로그에 포스트를 쓰고 나면 항상 가장 잘 나온 이미지에 간단한 설명을 덧붙여 핀을 생성한다. 이렇게 하면 핀터레스트를 통해 더 많은 사람들이 내 블로그를 볼 수 있고, 다른 SNS를 통해 나와 연결될 수도 있다. 또 다른 SNS에서 나를 팔로하는 팬들이 핀터레스트에서도 나를 찾을 수 있도록 트위터와 페이스북에도 핀을 공유한다.

- 하루에 10분씩은 핀터레스트에 투자한다. 내 브랜드와 크래프트 홍보에 도움이 되는 핀터레스트 계정을 만들려면 규칙적인 SNS 활동에 이것도 포함시켜야 한다. 매일 규칙적으로 새 핀을 몇 개씩 생성하는 것이 한 달

에 한 번 팔로어들의 뉴스피드를 도배하는 것보다 낫다. 내 핀이 올라오는 것을 반복해서 보다 보면 결국 다들 팔로하게 될 것이다.

- 설명 칸은 키워드를 활용해 채우고, 재미있고 설득력 있는 설명을 첨가한다. 이미지는 고화질의 흥미를 끌 만한 것으로 고른다.

- 콘텐츠는 다양하게 준비한다. 꼭 완성된 제품 사진만 핀할 필요는 없다. 같은 제품 사진 여러 컷으로 보드를 채우면 사람들은 금방 지루해한다. 작업 중인 신상 크래프트 컬렉션의 시각적 영감이나 컬러 팔레트도 공유해보자. 신상품에 대해 입소문을 내기에도 좋고, 내 브랜드의 숨겨진 철학을 알릴 수도 있다.

- 한 가지 제품을 판매한다고 해서 그 제품에 관련된 핀만 올려야 하는 것은 아니다. 브랜드 만들기 장에서 설명했듯, 브랜드는 곧 나 자신이다. 내가 좋아하는 것은 무엇이든지 자유롭게 핀해도 좋다. 결국 그것이 내 브랜드이기도 하니까.

TIPS

- 이미지 저작자 표시를 잊지 말고 신경 쓰자. 핀하려는 이미지에 출처 링크가 잘 걸려 있는지 확인한다. 핀터레스트 사용자는 근사한 이미지를 찾게 마련이다. 내가 근사한 것을 찾았으면 어디서 찾았는지 알려주는 것이 좋다. 누군가가 내 크래프트 사진을 핀했을 때, 그 핀을 보는 다른 사람들 모두 이 사진 속 크래프트가 누구 작품이고 어디서 구입할 수 있는지 정보를 알 수 있기를 바라는 것과 마찬가지다. 저작자 표시 없는 핀을 올리는 것은 매너에도 어긋나고 법에도 저촉될 수 있다.

- 자기 홍보와 브랜드 강화 기능 말고도 핀터레스트는 인터넷에서 찾을 수 있는 모든 정보를 깔끔하고 접근하기 쉽게 정리할 수 있는 훌륭한 도구가 된다. 블로그 운영이나 회계에 대한 강좌를 발견했을 때는 나만의 비밀 보드에 핀해두자. 그럼 신경 써서 예쁘게 꾸민 브랜드 보드를 망치지 않고도 언제든지 찾아볼 수 있다.

핀터레스트 용어 TERMINOLOGY

핀 PIN

핀터레스트에서 공유되는 이미지나 비디오를 핀이라고 한다. 웹사이트에서 '핀 잇' 버튼을 사용해 핀을 추가하거나 컴퓨터에 저장된 이미지를 직접 업로드할 수 있다. 핀터레스트에 올라오는 모든 핀은 '리핀(공유)'할 수 있고, 원본 출처에 링크가 걸린다.

'핀 잇' 버튼 PIN IT BOOKMARKLET

핀 잇 버튼은 웹 브라우저의 툴바에 설치되는 북마클릿 도구로, 인터넷을 사용하다가 이미지나 비디오를 손쉽게 핀할 수 있도록 하는 기능이다.

리핀 REPIN

핀터레스트에서 다른 사람의 핀을 공유하는 행위를 '리핀repin하다'라고 한다.

보드 BOARD

보드는 주제별, 스타일별 또는 색깔별로 핀을 정리하는 공간이다. 거실 꾸미기 아이디어에 대한 핀을 모은 보드, 결혼 관련 이미지 보드 또는 크래프트 작업을 위한 영감용 보드 등 무엇이든지 관심이 가는 주제에 대해 보드를 만들면 된다. 보드는 공개하거나 비밀 보드로 설정할 수 있으며, 다른 사람들이 내 보드에 핀을 올리도록 초청할 수도 있다.

팔로 FOLLOW

누군가를 팔로하면 그 사람의 핀이 나의 핀터레스트 홈 피드에 나타난다. 한 사람이 가지고 있는 보드 전체를 팔로하거나 그중 마음에 드는 보드만 골라서 팔로할 수 있다.

트위터

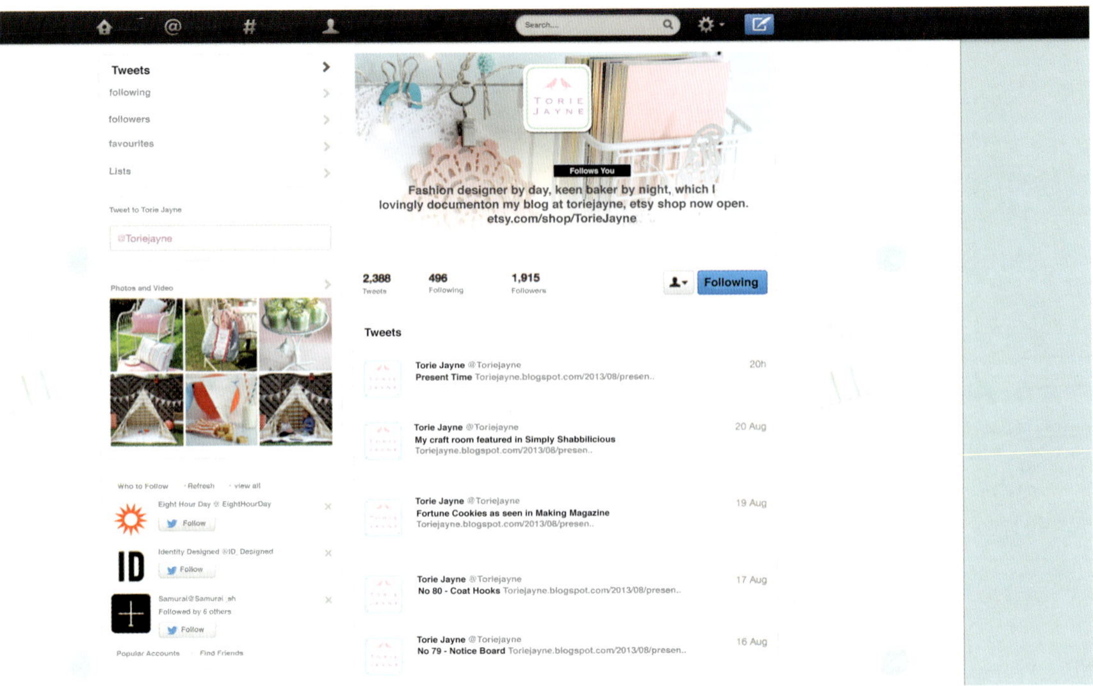

트위터는 실시간 커뮤니케이션을 위한 마이크로 블로그 서비스를 제공하는 SNS로, 최대 140자의 글자로 이루어진 '트윗'을 통해 짧은 메시지를 보내거나 읽을 수 있다. 물론 사진이나 비디오, 대화까지 한 트윗에 넣어 한눈에 모든 정보를 볼 수도 있다. 2006년 샌프란시스코에서 태어난 트위터는 현재 세계 거의 모든 나라에서 수백만 명의 개인과 단체 사용자가 이용하고 있다.

하루에 생성되는 트윗 4억 개, 실사용자 2억 명에 달하는 트위터는 나의 크래프트 브랜드에 힘을 보탤 강력한 도구가 될 수 있다. 트위터 사용자는 자기가 좋아하는 것에 대한 정보를 얻기 위해 트위터를 사용한다.

우선 트위터 계정의 '핸들'에 사용할 ID를 고른다. ID는 짧고 듣기 좋은 말로, 가능하면 브랜드 이름으로 하는 것이 좋다. 그다음에는 개인 프로필을 만든다. 간단한 자기소개, 제품과 관심 분야에 대한 소개를 더해 독자들이 나에 대해 더 잘 알 수 있고 팔로할지 결정할 수 있도록 한다. 위치 정보, 웹사이트 주소와 아바타 이미지(60쪽 참조)도 추가할 수 있다. 눈에 띄는 배경 이미지와 커버 사진, 브랜드 주조색을 사용해 페이지를 내 브랜드의 이미지에 어울리게 꾸며보자.

이제 트윗만 날리면 된다! 사진이나 동영상, 기사 일부를 발췌해서 첨부하면 팔로어들의 관심을 끌 수 있다. 연구 결과 사진은 일반적으로 평범한 텍스트 포스트에 비해 두 배 정도 관심을 더 끄는 것으로 나타났다.

TIPS

- 신제품이 나오면 트위터를 통해 팔로어들에게
  알린다. 신제품 사진 첨부도 잊지 말자.

- 트위터의 자동으로 글 올리기 기능을 활용한다.

- 트윗을 너무 많이 날리지 않는다. 팔로어들의
  타임라인을 도배하다가는 모두에게 외면당하고
  팔로가 끊길 수도 있다.

- 내 크래프트와 스타일, 브랜드에 관한 트윗을
  우선적으로 올린다. 내 관심 분야와 관련된 키워드를
  찾아 활용하면 더 좋다.

- 화면 상단의 톱니바퀴 버튼을 누르고
  설정〉위젯〉새로 만들기를 차례로 클릭해 사용자
  위젯을 추가한다. 위젯은 트윗에 함께 게시되며,
  나타나는 방식은 취향대로 조정할 수 있다.

"일주일에 몇 번씩 블로그를 해요. 팔로어도 꽤 확
보했죠. 항상 제품에 대한 이야기만 블로그에 쓰
지는 않아요. 그것이 독자들의 주목을 받는 데 더
도움이 되는 것 같아요. 제 스케치북, DIY 프로젝
트, 요리법, 사진, 기타 등등 저의 일상을 살짝 엿
볼 수 있는 포스트도 올려요. 새로운 디자인이 나
오면 블로그에도 공지하고 트위터와 페이스북, 핀
터레스트에도 올리죠."

위트 앤드 휘슬 아만다 라이트

트위터 용어 TERMINOLOGY

트윗 A TWEET
140자 이하의 글자로 이루어진 표준형 트위터 메시지

리트윗 RETWEET
다른 사용자가 자신의 팔로어에게 공유하거나
재포스트한 트윗

해시태그 HASHTAG
트위터에서는 검색을 할 때 쉽게 알아볼 수 있도록
트윗에 # 표시를 사용해 키워드나 주제에 대한
태그를 생성한다.

멘션 MENTION
트윗에서 다른 사용자의 ID 앞에 @ 표시를 붙이면
그 사용자에게 답글을 보내거나 그를 언급할 수 있다.

핸들 HANDLE
http://twitter.com/*****에서 *****에 해당하는
주소 부분 겸 사용자 ID

피드(타임라인) FEED
트위터 홈페이지의 첫 화면에 나타나는 트윗의
흐름으로, 내가 팔로하는 모든 계정의 트윗으로
이루어진다.

리스트 LISTS
트위터에는 사용자를 리스트로 묶을 수 있는 기능이
있어 단체를 팔로하거나 선별된 사용자로 이루어진
리스트를 팔로할 수 있다.

쪽지(다이렉트 메시지) DIRECT MESSAGE
DM이라고도 하며, 사용자 간의 사적 의사소통을
위한 트위터의 직접 메시지 전송 기능이다.

인스타그램

트위터나 페이스북과 마찬가지로 인스타그램도 훌륭한 홍보 도구가 된다.

인스타그램은 사진과 비디오를 온라인으로 공유할 수 있는 SNS다. 사진은 정사각형으로만 표시되며, 여러 가지 필터로 재미있게 꾸밀 수 있다. 앱을 사용해 촬영할 수도 있고 기존 사진을 업로드해도 된다. 사진에는 흥미로운 제목을 붙여 이해를 돕고, 설명을 위한 해시태그를 붙일 수도 있다. 인스타그램에 올린 사진은 페이스북, 트위터, 플리커, 텀블러 등 다른 SNS에도 자동으로 공유되도록 설정할 수 있다.

인스타그램에서는 다른 사용자를 '팔로'할 수 있다. 좋아하는 브랜드나 크래프터, 창작 업체를 찾아 팔로해보자. 트위터와 페이스북 친구들 중 누가 인스타그램을 사용하는지 쉽게 찾아 팔로할 수도 있다. 시각적으로 호소력이 있고 마음에 드는 사진에는 댓글을 달거나 '좋아요'를 누를 수 있다. '좋아요'를 누른 사진이 많을수록 내 이름과 브랜드가 더 많이 뜬다.

인스타그램은 오로지 비주얼에 의존하기 때문에 크래프터에게 완벽한 SNS다. 시작하려면 앱스토어에 접속해 앱을 다운받고 설치한 후, 회원 가입을 하고 ID를 만들어 프로필 사진을 올리면 된다.

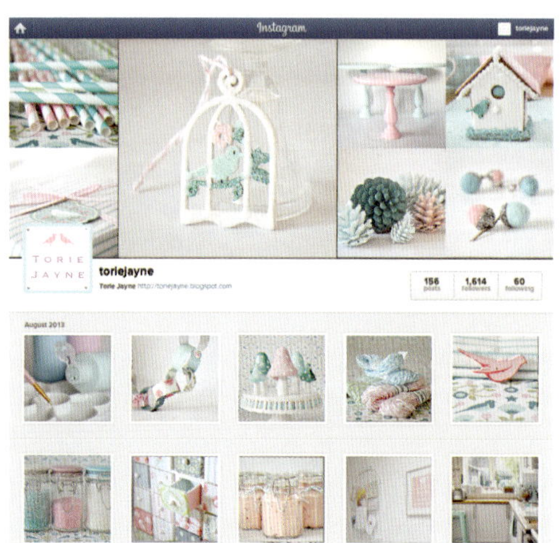

TIPS

- 사진에 태그 붙이기는 새로운 팔로어를 찾고 더 많은 사람과 내 사진을 나누는 아주 좋은 방법이다. 사진을 잘 설명하는 태그를 달아 뜻이 맞는 인스타그램 회원들이 더 쉽게 찾아올 수 있도록 하자. 해시태그를 구체적으로 달아야 내 사진이 인기 태그 페이지에 추가된다. 내 사진과 같은 태그를 단 사진에 어떤 태그가 달려 있는지도 눈여겨보아야 한다. 혼자서는 생각해내지 못했던 인기 해시태그를 발견할 수도 있다.

- 노출 부족으로 어두운 사진도 터치 한 번이면 환하게 만들 수 있다. 조명이 좋지 않을 때는 '룩스Lux' 버튼을 사용해 사랑스럽고 디테일한 사진을 찍어보자.

- 제품을 보여주는 것만큼 중요한 것은 호소력이다. 내 팬에게는 다른 어떤 곳에서도 얻을 수 없는 것들을 보여주자. 예를 들어 작업 중인 크래프트 사진이라든가, 색이나 형태, 물체 등 내가 영감을 받은 이미지들이 될 수 있다.

- 이미지 스트림을 통해 내 스타일과 브랜드를 표현해보자.

플리커

플리커는 이미지와 비디오 호스팅, 웹 서비스와 온라인 커뮤니티 기능을 제공하는 웹사이트로 2004년에 루디코프가 개발했으며 2005년 야후가 인수했다. 개인 사진을 공유하고 전송하는 사용자들에게도 인기가 높고, 블로거들이 SNS나 블로그에 불러올 사진을 호스팅하는 공간으로도 많이 사용된다.

플리커는 온라인상 사진 저장, 분류, 검색, 공유에 최적의 사이트라고 할 수 있다. 크기나 해상도에 상관없이 어떤 사진이나 올릴 수 있고, 사진을 집합별로 쉽게 분류할 수 있다는 점에서 인스타그램과 다르다. 그룹에 사진을 올릴 수도 있고, 다른 사진에 '좋아요'를 누르거나 댓글을 달 수도 있다.

하지만 플리커는 단순한 사진 저장 공간은 아니다. 플리커는 고객에게 다가가고 제품을 홍보할 수 있는 아주 강력한 도구다. 내가 올린 제품 사진이 '좋아요'를 많이 받고 검색어에 자주 올라가면 내 브랜드는 자동적으로 더 많이 노출된다. 다른 SNS의 팔로어와 비슷한 친구 맺기 기능도 있다. 플리커 친구는 홈페이지에서 내 사진을 볼 수 있고, 물론 내 이름을 클릭해도 언제든지 볼 수 있다. 일반적 저작권 규정보다 제약이 적은 크리에이티브 커먼즈 라이선스에 따라 자신이 작업한 사진을 제공하는 플리커 사용자도 많다.

잠재 고객을 만드는 일, 블로그 운영

블로그는 엣시에 숍이 있더라도 별도로 하나 운영하면 잠재 고객과의 관계 형성에 도움이 된다. 사람들은 자기가 좋아하는 사람과 거래를 하고 싶어 하는 경향이 있다. 블로그가 있으면 그러한 인맥을 형성하는 데 훌륭한 도구가 된다. 블로그는 글(보통 '포스트'라고 칭함)로 이루어진 특정 형태의 웹사이트를 말한다. 보통 블로그는 글 작성 날짜가 표시되고 작성된 포스트가 시간 역순으로 정렬되어 최근 포스트를 가장 먼저 볼 수 있다. 블로그의 기본적인 작동 원칙은 1) 관리자 페이지에 로그인 2) 글을 쓰고 사진과 그림 등을 업로드 3) 완성된 포스트를 공개하는 순서로 이루어진다. 공개한 즉시 내가 쓴 글, 내가 올린 사진과 그림이 이미 정해놓은 레이아웃과 스타일에 따라 자동으로 정렬되어 블로그에 게시되고 이전에 작성된 소중한 게시물에 추가된다. 블로그 활동을 위한 플랫폼 사이트로는 대표적으로 두 곳이 있다. 구글의 무료 서비스인 블로거Blogger 또는 워드프레스WordPress다. 더 자세한 내용은 130쪽 온라인 자료 모음을 참조하면 된다.

내 블로그는 곧 나의 목소리다. 모든 사람이 항상 내가 하는 모든 이야기에 동의하지는 않을 것이 분명하다. 무례한 댓글이나 비판적인 댓글을 처리하는 것은 블로그 운영 중 가장 어려운 일에 속한다. 특히 인신공격적이거나 그렇게 해석할 소지가 있는 댓글이라면 더욱 그렇다. 댓글이 게시되기 전에 다듬을 수 있도록 댓글 설정을 조정하는 것도 나쁘지 않다. 그러면 누군가 부정적 댓글을 달았을 때 이를 공개할지 여부를 내가 결정할 수 있게 된다. 합당한 비판이라고 생각되는 글에 대해서는 프로답고 정중하게 대응하면 된다. 난감한 댓글에 잘 대처하는 모습을 보여주면 나에게 공감하는 방문객에게 존경받을 수 있을 것이다.

TIPS

- 적어도 일주일에 한 번은 새 포스트를 작성한다. 포스트를 자주 올릴수록 구독자, 팔로어, 페이지뷰, 댓글 수가 증가한다.

- 블로그를 통해 내 크래프트를 뽐내보자. 영감을 불러일으키는 글 제목을 짓는다.

- 지속할 자신이 없는 일에는 절대 매달리면 안 된다. 예를 들어 일요일에 바느질을 한다는 글은 적어도 한 달 이상 매주 일요일에 바느질을 할 자신이 없다면 올리지 않는 편이 낫다. 독자들은 규칙적인 실천을 기대할 것이기 때문이다. 어떤 특정한 날짜를 약속하거나 지킬 수 없는 이번 주의 다짐을 발표하는 일은 되도록 피한다.

- 블로그에서 배경음악을 자동 재생하는 것은 일반적으로 금기에 속한다. 팔로어들이 나와 마찬가지로 파스텔 톤 색에 열광한다고 해서 나처럼 마돈나의 팬이리라는 법은 없으니까.

- 댓글이 많이 달리기를 바라는가? 그렇다면 운영자 스스로도 댓글 작성자가 되어야 한다.

- 블로그를 운영하는 친구와 교차 포스팅을 해서 서로의 작품을 공유하면 좋다.

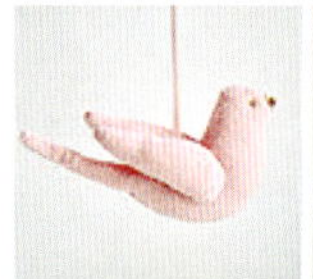

시티 시크 컨트리 마우스
CITY CHIC COUNTRY MOUSE

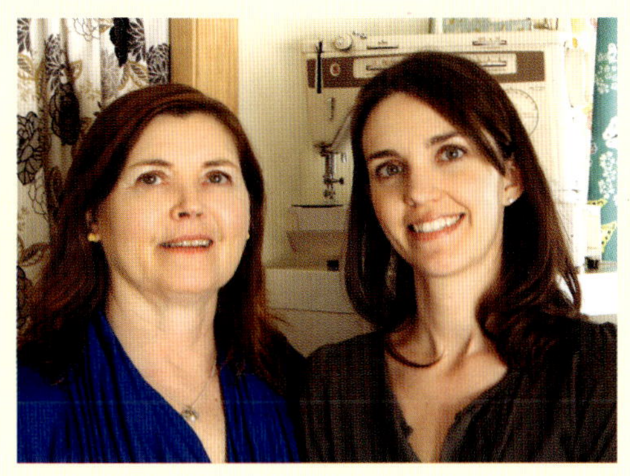

제이미 할렉슨과 카르멘 말티가 운영하는 시티 시크
컨트리 마우스는 어머니(시골 쥐)의 바느질 솜씨와 딸
(시크한 도시 여자)의 스타일 감각을 합친 벤처기업이
다. 이들은 지루한 집안 허드렛일을 보다 즐겁게 변
화시키며 가정주부에게 영감을 줄 수 있는 아이템
만들기를 좋아한다.

"인터넷에는 멋진 자료가 무궁무진해요. 블
로그를 여기저기 돌아다니면서 훑어보는 것
을 좋아하지요. 우리 둘 다 인터넷을 이용
하는 시간이 너무 많은 게 아닌가 싶을 정
도라니까요."

이들은 재봉 작업실에서 다용도실과 부엌에 이르기
까지 집안일에 스타일을 더하는 것을 즐긴다. 이 모
든 일은 어머니가 시크한 도시 여자에게 30년 된 싱
어 재봉틀을 물려주면서, 그리고 두 모녀가 인근 천
가게에서 예쁜 천을 보고 첫눈에 반하면서 시작되
었다. 그 작은 사건이 이토록 믿을 수 없이 즐거운
합작 벤처로 꽃필 줄 누가 알았겠는가?

'척'하면 아는 브랜드,
인지도 높이기

홍보는 넓은 의미에서 미디어에 소개되는 것을 의미한다. 여기서 미디어는 신문과 같은 전통적인 매체가 될 수도 있고, 블로그와 같은 뉴미디어가 될 수도 있다. 디자인 스타일이 나와 잘 맞는 블로거에게 연락을 취해보자.

블로거에게 접근할 때 가장 중요한 것은 첫인상이다. 따라서 내 아이디어를 알려주거나 블로그에 소개해달라고 요청하기 전에 우선 가장 잘 나온 사진부터 준비해야 한다. 대부분의 블로거는 사진에 대한 안목이 높다. 블로그에서 스토리텔링 역할을 하고 테마를 일관되게 이어나가도록 하는 것이 사진과 그래픽이기 때문이다. 내가 준비한 사진도 그들 웹사이트의 전체적인 스타일과 미적 감각에 맞아야 한다. 또 어떤 블로거에게든 연락하기 전에 조사를 해야 한다. 다음 두 가지는 최악의 실수에 속한다. 첫째, 상대방의 블로그를 방문한 적도 읽어본 적도 없는 티가 나는 메일을 쓰는 것이다. 둘째, 이미 상대방 블로그에 있는 내용이나 블로그와 아무 관련 없는 내용의 스토리를 제안하는 것이다. 필자가 받아본 포스팅 아이디어 중 가장 좋았던 것은 필자의 최근 글 내용을 참조한 흔적이 있는 것이었고, 필자가 사용한 색채와 스타일을 언급하며 필자의 디자인 철학에 대한 이해를 확실히 드러낸 제안이었다.

일단 연락할 블로그를 골랐고, 사전 조사도 끝냈고, 최고의 사진도 준비했다면 제안 메일을 쓰는 일만 남았다. 해당 블로그 운영자의 이목을 사로잡을 근사한 제목부터 내세우자. 일주일에 수백 건의 요청 메일을 받는 블로거도 있다. 그 수많은 요청 사이에서 내 메일이 눈에 띄어야 하니 매력 있게 다가가자. 상대방은 이름으로 부른다. 단체 메일은 안 된다. 한 번에 블로거 한 명에게만 연락하고, 페이스북이나 트위터를 통해 요청 메시지를 보내지 않는 것이 좋다. 요청은 짧고 간결하면서도 임팩트 있게 작성하고 눈길을 끌 만한 사진도 한두 장 첨부한다. 숍이나 블로그, 웹사이트 링크도 포함한다. 해상도가 좀 더 낮은 사진도 2~3개 추가하고, 전송하기 전에는 항상 다시 읽어보고 맞춤법 등이 틀리지 않았는지 체크한다. 일주일이 지나도 답장을 받지 못했다면 기본적인 내용을 다시 언급하기 위해 후속 메일을 보낸다. 마지막으로 가장 중요한 일은, 이렇게 해서 상대방의 블로그에 소개되었다면 잊지 않고 감사 메일을 보내는 것이다.

홍보 아이디어

열정은 전염된다는 것을 꼭 기억하자. 주변 지인들에게 내가 만든 크래프트를 알리자.

이메일 서명이 없다면 꼭 만들자. 여기에는 메일을 보낼 때 담고 싶은 글이나 그림, 링크, 또는 이 세 가지 모두를 포함할 수 있다. 서명을 붙이면 이메일 하나하나가 내 회사, 내 페이스북 페이지, 트위터, 다른 SNS를 알리는 수단이 된다. 추가 노력이 필요 없는 공짜 광고인 셈이다.

고객이나 잠재 고객과 연락을 유지하기 위해 뉴스레터를 발행하는 것도 좋다. 메일침프MailChimp는 무료로 이용할 수 있고, 엣시에서 제품을 판매한다면 에이웨버AWeber를 사용할 수도 있다. 크래프트 행사 때나 고객을 만날 때 연락처를 받아 메일 발송 명단을 만들고 관리하며, 규칙적으로 연락을 할 때 이 명단을 사용한다. 그런 다음 SNS에서 크래프트 제품 몇 개를 증정하는 경합 이벤트를 열어보자. 사업상 눈에 띄는 변화가 있을 때 짤막한 보도 자료를 작성하는 일에도 익숙해져야 한다. 상을 탔다든가, 잡지에 소개되었을 때는 짧고 흥미로운 보도 자료를 작성해 고화질 사진과 함께 가까운 지역 매체에 배포하자. 지역 매체는 미담이 될 만한 사례를 좋아한다.

TIPS

- 지역 자선 경매 행사에 직접 만든 크래프트 제품을 기부한다.

- 가족과 친구가 크래프트 마케팅을 도와주면 인센티브를 제공한다.

- 크래프트 관련 디렉토리에 내 웹사이트가 올라와 있는지 확인한다.

- 크래프트 디자인 경진 대회에 참가해 수상하기 위해 노력한다.

- 문화센터나 크래프트 숍, 학교에서 크래프트 수업을 하는 것도 생각해본다. 크래프트 전문가로 이름을 알릴 수 있는 기회가 된다.

- 최상의 대고객 서비스를 제공한다. 항상 프로다운 모습을 보여주어야 한다. 약속과 납기는 반드시 지키고 모든 고객과 투명하게 규칙적으로 의사소통을 한다.

- 팔로어 그룹을 만들고 이들의 댓글을 유도한다.

- 대화 내용은 잘 관리하고 커뮤니케이션에 적극 참여한다.

- 키워드 검색을 직접 실험해본다.

- 다른 웹사이트에 프로필을 작성한다.

- 끊임없이 검토하고 평가하면서 콘텐츠를 업데이트한다.

손님으로서 글을 쓰는 것도 필요하다. 브랜드에 대한 입소문을 퍼뜨리는 간단하지만 효과적인 방법이다. 다른 블로거들에게 무료로 제공하거나 검토를 요청할 제품을 보내고 함께 살펴보면 좋다. 지나치게 많이 내주지 않도록 조심스럽게 접근한다. 크래프트 마케팅을 막 시작할 때는 누구나 처음에는 소규모로 시작한다는 점을 잊지 말자.

주얼리와 같이 착용할 수 있는 크래프트를 판매한다면 외출할 때 직접 착용하고 나가 마음껏 솜씨를 뽐낸다. 이렇게 하면 내 크래프트에 대한 자부심도 드러낼 수 있고 착용했을 때 얼마나 잘 어울리는지도 직접 보여줄 수 있다.

CRAFTER ADVICE

"저에게 크래프트를 시작한 것은 일러스트 작가로서 새로운 커리어의 첫발을 멋지게 내딛게 해준 결정이었어요. 크래프트를 통해 저만의 세상과 스타일을 만들었고, 제 직업을 다른 시각에서 볼 수 있게 됐죠. 크래프트를 하기 전과 지금은 일하는 방식이 많이 달라졌어요. 훨씬 애착이 생겼지요."

마틸루 안 크레시 _107쪽

"자신만의 아이디어와 기술에 충실하고, 다른 브랜드에서 지나치게 많은 영감을 얻지 마세요. 그렇게 하면 더 많은 주목을 받을 수 있어요. 창의적인 사람이 된다는 건 스스로 나만의 아이디어의 소용돌이를 끊임없이 돌린다는 뜻이에요. 저도 다른 작가들과 마찬가지로 아이디어 구상에 많은 시간을 쏟죠. 그럴 때라 하더라도 친구나 지인, 고객과 약속을 잡고 얼굴을 보는 데 투자할 시간은 따로 조금 마련해놓아야 해요."

비키 트레이너 _97쪽

"성공하고 싶다면 지금 하는 일을 사랑해야 한다는 말은 정말 맞는 말이에요. 사업은 9시부터 5시까지만 할 수 있는 일이 아니니까요."

시티 시크 컨트리 마우스 _125쪽

"처음 크래프트 비즈니스를 시작할 땐 주변의 도움이 많이 필요해요. 나의 인생을 다른 사람과 나누려면 사람들을 내 편으로 만들어야죠. 다른 사업에서도 마찬가지지만 어쩔 수 없이 서로를 위해 희생해야 하거든요. 수많은 기복을 잘 견디도록 도와준 남편이 없었다면 결코 제 브랜드를 이만큼 이끌 수 없었을 거예요."

스리 레드 애플즈 애너벨 오잔 _49쪽

"시간은 충분히 주어지지 않아요. 영감을 받는 양이 이를 현실화할 시간보다 더 많죠."

크래프트 앤드 크리에이티비티
헬레나 샤에데르 쇠데르베리 _22쪽

"모든 건 하나의 과정이에요. 저도 모든 일을 능숙하게 처리할 수 있을 때 숍을 열어야겠다고 생각했다면 사업을 시작할 수 없었겠죠. 시작하기 전에 모든 것을 확실히 정해놓을 필요는 없어요. 전반적인 방향만 확고하다면 실제로 일을 해나가면서 나에게 꼭 맞는 방식을 찾을 수 있어요. 중요한 것은 첫발을 떼고 움직이는 거예요."

위트 앤드 휘슬 아만다 라이트 _ 58쪽

"가장 큰 교훈은 목표를 세울 때 얻을 수 있다고 생각해요. 저는 목표를 종이에 수시로 써서 정하는 사람은 아니지만, 원하는 바에 대한 비전은 가지고 있죠. 스스로에게 몇 가지 질문을 하다 보면 어떤 계획이 그려져요. 예를 들면 그저 약간의 용돈을 벌기 위해 크래프트 비즈니스를 하는지, 크래프트라는 취미 생활을 할 비용만 마련하면 되는지, 아니면 이 일로 생활비를 벌어야 하는지 하는 질문이죠. 이에 대한 답을 찾으면 앞으로 나의 크래프트 비즈니스를 내게 맞게 꾸려가는 방법도 알 수 있죠. 저는 크래프트 만들기만큼 글쓰기를 좋아한다는 것을 깨닫고 곧 판매자에서 작가로 방향을 바꾸었어요."

팅커드 트레저 엘리즈 메이저 _ 42쪽

"긍정적인 마음가짐과 미래에 대한 희망을 항상 유지하세요. 열심히 일하다 보면 긍정적이고 보람 있는 일도 많지만 말도 안 되게 힘든 일도 생기죠. 이건 피할 수 없는 사실이고, 누구도 완벽하게 대비할 수 없는 일이에요. 제가 드리고 싶은 말씀은 여러분 주변에 긍정적인 영향을 줄 친구를 많이 만들어두라는 거예요. 온라인과 오프라인 모두에서요. 좋지 않은 일이 생겼을 때 어떻게 해결하고, 필요하다면 어떻게 대처해야 할지, 적극적으로 대응할 방법을 스스로 배우세요. 해결되지 않고 계속되는 불행의 원인이 있다면 두려워하지 말고 단호하게 없애버리세요(SNS 플랫폼에 친구 끊기 옵션이 있는 이유는 바로 이럴 때 쓰라는 거죠)."

에마 램 _ 14쪽

"사업을 시작할 때는 즐길 수 있는 일을 해야 해요. 사업은 고될 수 있고, 열심히 일해야 하지만 처음에는 하는 일에 비해 돈은 거의 못 버는 것 같다는 생각이 들거든요. 어느 정도 사업이 커질 때까지 포기하지 않으려면 일을 정말 사랑해야 해요. 바로 그 점이 내 사업을 할 때 누리는 즐거움이죠. 내가 즐기는 일을 할 자유가 있잖아요."

타비타 에마 _ 113쪽

참고할 만한 온라인 사이트

유용한 웹사이트 USEFUL WEBSITES

이 책에서 다룬 내용에 대해 더 자세히 조사하고 이해하는 데 도움을 줄 유용한 자료를 소개한다. 책을 쓰는 시점을 기준으로 최대한 정확한 내용을 담으려고 노력했지만, 웹사이트는 새로 생기기도 하고 없어지기도 하며 구체적인 주소가 변경될 수도 있다. 가장 좋은 방법은 검색 창에서 찾아보는 것이다. 검색 결과가 없으면 사이트가 폐쇄되었다고 볼 수 있다. 최신 자료는 필자의 웹사이트toriejayne.com에서 볼 수 있다. 웹사이트에 올라온 정보는 최신 정보를 업데이트하려고 노력하고 있다. 또 크래프트 판매와 전시에 도움이 될 만한 새롭고 재미있는 웹사이트나 SNS가 있다면 그 또한 필자의 웹사이트를 통해 소개할 예정이다.

크래프트 숍

영국

판두로 하비
www.pandurohobby.co.uk

하비크래프트
www.hobbycraft.co.uk

프레드 앨더스
www.fredaldous.co.uk

수퍼러블리(화지 테이프)
www.superlovely.com

아마존
www.amazon.co.uk

이베이
www.ebay.co.uk

리버티 백화점 재봉 재료 코너
www.liberty.co.uk

런던 소호 클로스 하우스
www.clothhouse.com

VV룰로(리본)
www.vvrouleaux.com

미국

조앤 스토어
www.joann.com

마이클스
www.michaels.com

페이퍼 소스
www.paper-source.com

스칸디나비아

판두로 하비
www.pandurohobby.com

크래프트 쇼

영국

트위스티드 스레드
www.twistedthread.com

국제 크래프트 취미 박람회(ICHF)
www.ichfevents.co.uk

미국

레니게이드 아트크래프트 박람회
www.renegadecraft.com

전미공예가협회 쇼
www.craftcouncil.org

무료 사진 편집기

피카사 (구글이 제공하는 무료 사진 편집 소프트웨어)
www.picasa.google.com

에이비어리(웹 기반 사진 편집 도구로 재미있는 툴 다수 보유)
www.aviary.com

포토샵 익스프레스 에디터
(이미지 크기 조정과 문자 입력 기능)
www.photoshop.com/tools

픽몽키(이미지 크기 조정, 문자 입력과 기타 흥미로운 기능 보유)
www.picmonkey.com

도메인 네임 관리

www.godaddy.com

www.register.com

www.ukwebsolutions.co.uk

www.namesecure.com

온라인 오픈 마켓

엣시
www.etsy.com

폭시
www.folksy.com

빅 카르텔
www.bigcartel.com

아트파이어
www.artfire.com

다완다
en.dawanda.com

메이드잇
www.madeit.com.au

블로그 호스팅 사이트

블로거
www.blogger.com

워드프레스
www.wordpress.com

타입패드
www.typepad.com

블로그프레스
www.theblogpress.com

기업명 등록과 상표등록

www.secstates.com

www.ipo.gov.uk

www.companieshouse.gov.uk

www.copyright.gov

기업 운영과 마케팅 관련 도움받을 곳

비즈니스 링크
www.businesslink.gov.uk

소기업 발전 센터(SBDC)
www.sba.gov

창의적인 명함 만들기
www.moo.com

메일침프
www.mailchimp.com

콘스탄트 콘택트
www.constantcontact.com

서베이몽키
www.surveymonkey.com

워푸
www.wufoo.com

우편 업무와 배송

미국 우정청
www.usps.com

UPS
www.ups.com

페덱스
www.fedex.com

캐나다 우정공사 전자 배송
www.canadapost.ca/cpo/mc/business/tools/electronicshippingtool.jsf

호주 우정공사 우편 요금 계산기
http://auspost.com.au/apps/postage-calculator.html

영국 왕립 우정국 가격 검색
www.royalmail.com/price-finder

DPD 배송 계산기
http://www.dpd.com/nl_en/home/shipping/shipping_international2/delivery_time_calculator

그다음 할 일은?

이제 멋진 크래프트 제품도 만들었고, 사업체도 설립했고, 효과적인 마케팅 전략도 개발했다. 그럼 다음에 할 일은 무엇일까? 내가 하루하루 내리는 결정은 비즈니스의 미래를 좌우한다. 따라서 한쪽 눈은 항상 목표에 초점을 맞추고 멀리 바라보는 것이 좋다. 하지만 그 전에 할 일이 있다. 바로 목표가 무엇인지 정하는 것이다. 다른 분야에 가지를 뻗어 사업을 확장한다든가, 다른 사람에게 크래프트 기술을 가르치는 일도 생각해보자. 마케팅을 위한 행사를 개최해도 좋다. 항상 최신 유행을 체크하고 크래프트 업계에서 현재 진행하는 행사에 대해서도 알아둔다. 여기서는 향후 크래프트의 멋진 세계 속으로, 또는 이 세계를 넘어 더 넓은 세계로 나아가기 위해 참고할 만한 몇 가지 유용한 팁을 소개한다. 행운을 빈다. 멋진 여행이 되기를!

다른 분야를 모색하기

우리는 누구나 한 가지쯤은 재능을 갖고 있다. 크래프트에 필요한 다양한 기술은 서로 다른 작업 사이에서도 쉽게 호환된다. 폴리머 클레이 세부 세공이나 몰드 조형을 할 수 있다면 케이크 만들기나 설탕 공예에 도전하면 어떨까? 고객에게 좋은 반응을 얻을 수 있는 나만의 컬러 팔레트를 갖고 있고 집 안 소품에 대해 관심이 있다면 인테리어 디자인을 고려해보는 것도 좋지 않을까? 강력한 브랜드만 있다면 창작할 수 있는 대상에는 거의 제한이 없다고 보아도 좋다. 자신의 디자인 철학에 충실하면서 지평을 넓혀 더 많은 고객, 더 큰 투자, 더 큰 기회를 끌어내보자. 블로그 커뮤니티에서 전문가 카테고리로, 다양한 무역 박람회와 매장에 진출해 내 크래프트 비즈니스에 새 장을 열 수 있다.

수공예 제품 외에 일당 또는 시간당 일정 금액을 받고 서비스를 제공하는 사업 모델도 생각해볼 수 있다. 웹사이트나 블로그, 뉴스레터를 통해 전문성을 과시하는 데는 비용이 들지 않는다. 빈티지에서 영감을 얻은 디자이너적 감각을 수익성 높은 대규모 프로젝트로 연결할 수도 있을 것이다. 고객 중 누군가가 영감이 풍부한 웨딩 플래너나 부티크 호텔의 데커레이션 컨설턴트를 찾고 있을지도 모를 일이다.

크래프트 가르치기

크래프트 가르치기는 창작에 대한 나의 열정을 누군가와 나누는 일이다. 크래프터로 성공했다면 내 전문성을 타인에게 나누어주는 것은 자연스러운 수순이 될 수 있다. 크래프트 클래스 운영은 재미있고 보람 있으며 사회적인 일일뿐만 아니라 소소한 추가 수입원도 될 수 있다. 그렇다고 모든 것을 나누어줄 필요는 없다. 몇 가지 정말 중요한 비밀과 노하우는 혼자만 알고 있어야 나만의 독특한 정체성을 지킬 수 있다. 크래프트 워크숍에서 강의를 하면 초심자들에게 직접 만든 핸드메이드 제품의 매력을 보여줄 수 있어 브랜드 홍보에도 도움이 된다.

크래프트 강의를 하고 싶다면 방법은 많다. 대중 앞에서 말하는 기술을 타고난 연설가가 아니어도 되고, 세상 모든 시간을 다 비워두지 않아도 된다. 직장에서 점심시간에 간단한 수업을 개설할 수도 있고, 블로그나 SNS에 온라인 강좌를 올려도 된다. 집이나 별도로 마련한 공간에서 저녁에 수업을 하는 방법도 있고, 일회성 워크숍이나 학교 수업에 강사로 참여할 수도 있다.

행사 개최하기
HOSTING EVENTS

프로 크래프터가 되었다면 내 작품을 활용해 지역사회를 위한 흥미롭고 유용한 행사를 직접 개최할 수 있다. 상상력을 발휘해 초청자를 정하고 모든 SNS 채널을 가동해 적극적인 팔로어를 초대하자. 자선 바자회, 크래프트 박람회, 경진 대회나 학교 워크숍, 집에서 여는 세일 행사 등 종류는 다양하다.

시기별로 찾아오는 기념일과 연계해 크래프트 관련 행사 수요를 창출할 수도 있으니 달력을 항상 눈여겨보아야 한다. 이를 잘 활용해 주변에서 일어나는 일에 관심을 갖고 그 혜택을 챙기자.

계속 연구하기
CONTINUING TO RESEARCH

처음 사업체를 만들 때 시장조사가 얼마나 중요한지는 알고 있더라도, 장기적으로 지속적인 이윤 창출에 시장조사가 중요한 이유는 아직 생각해보지 못했을 것이다. 계절이 바뀌면 트렌드도 변한다. 그 와중에 우리는 항상 시장 친화적인 브랜드로 키워나가야 한다.

간단한 방법 중 하나는 비교 대상 제품의 가격을 모니터링하는 것이다. 상대 브랜드의 가격도 끊임없이 변한다. 그에 따라 내 제품의 가격도 너무 낮거나 높지 않게 유지해야 한다. 또 스마트폰이나 태블릿처럼 새롭게 인기를 끄는 양산형 디바이스에서 영감을 얻을 수도 있다. 하지만 유행에 맞추기 위해 디자인 철학 자체를 바꿀 필요는 없다. 무엇보다 가장 중요한 것은 나의 작품이 허락 없이 복제되는 일은 없는지 정기적으로 조사하는 일이다. 항상 상황을 확인하고 필요하다면 법률 전문가의 도움을 받아야 한다.

사업체 이전

RELOCATING YOUR BUSINESS

내 작업실은 나의 브랜드와 개성을 드러내며 영감을 주는 아름다운 공간이다. 그런데 이 소중한 공간에 혁신적인 수납 방법을 도입해 꾸며놓았는데도 여전히 공간이 부족하다면 어떻게 해야 할까? 크래프트 제품의 크기가 점점 커지거나(맞춤형 가구업계 진출을 모색할 경우) 직원을 한두 명 늘려야 할 때, 작업실을 이전하는 것은 업체를 키우고 자리 잡는 과정에서 더없이 보람 있는 경험이다. 이사 과정의 스트레스를 최대한 줄이는 방법을 몇 가지 소개한다.

우선 이사를 귀찮은 과제가 아니라 좋은 기회라고 생각해보자. 이사는 스튜디오가 됐든, 공방이 됐든 완전히 새로운 공간을 만들어낼 기회다. 그리고 고객에게 이전 사실을 알리는 것을 잊지 말자. SNS 플랫폼이나 이메일 서명, 뉴스레터를 활용해 이사 사실을 알리고 나의 새로운 출발을 화제로 삼도록 한다. 가능하다면 물류 단절 등의 문제를 피하기 위해 평일에 이사하는 것이 좋다. 이사 계획은 꼼꼼하게 짠다. 새 작업실에 종이를 가져다놓기 전에 습기를 제거할 필요가 있는지 확인해야 한다. 짐을 옮기고, 상자에 라벨을 붙이고, 새 작업실에 인터넷을 최대한 빨리 연결하기 위해 친구들에게 도움을 요청하는 것도 좋다.

아르바이트생 고용하기

HIRING HELP

작업실에 '아르바이트생 구함'이라는 문구가 걸려 있다면 분명히 성공을 향해 가고 있다는 뜻이다. 제품 조립이나 간단한 사무 보조를 위해 도우미를 고용할 수 있다.

친구들이 도와주겠다고 할 수도 있지만 그런 유혹은 잘 참아야 한다. 아는 사람을 고용하는 것이 좋은 생각처럼 느껴지더라도, 지시를 내리고 받아야 하는 고용주와 직원의 관계, 특히 돈이 관련되면 마찰이 생길 수 있다. 누군가를 채용하는 일도 업무 경험을 쌓는 과정이라고 생각하고 적절한 능력과 자격을 갖춘 유능한 인재를 채용하는 데 초점을 맞춘다.

직원을 채용할 때는 이력서와 자기소개서를 받고 지원자의 SNS도 확인해본다. 지적재산권을 보호하기 위해 신입 직원에게는 비공개 서약서에 서명을 받아야 한다. 또 안전한 근무 환경과 적절한 보험을 제공하고, 급여나 세금 등 어렵고 민감한 부분에 대해서는 충분히 조사하고 전문가의 도움도 받는다.

일과 가정생활

WORKLIFE BALANCE

크래프트에는 개성이 고스란히 담기게 마련이다. 그러다 보니 어떨 때는 가위와 바늘, 붓을 내려놓고 한발 물러서기가 쉽지 않다. 사업이 중요한 것은 누구나 아는 사실이지만, 휴식하고 긴장을 풀고 스스로를 돌보는 것도 그만큼 중요하다. 건강하고 행복한 크래프터가 성공한 크래프터라고 할 수 있으므로, 일과 생활의 균형을 적절히 유지하도록 노력하자.

듣기에는 간단하지만, 가족과 친구를 위해 시간을 투자하는 것은 중요하다. 좋은 사람들과 웃고 즐기다 보면 창의력도 재충전되고 기분도 좋아진다. 적절한 식생활을 유지하는 데 신경 써야 한다. 마감에 쫓길 때는 텔레비전을 보면서 저녁을 먹거나 간단한 테이크아웃 메뉴로 때워도 괜찮지만, 이런 일이 지나치게 자주 반복되면 사업도 건강도 위험해질 수 있다. 마찬가지로 운동도 크래프터에게 꼭 필요하다. 크래프터는 몇 시간씩 계속 구부정하고 부자연스러운 자세로 작업하곤 하고, 반복성 긴장장애도 흔하게 겪는다. 자리에서 일어나 목과 어깨를 쭉 펴고 산책을 다녀오자. 그런 다음에는 낮잠을 자자. 이것도 분명히 필요할 테니까!

SNS 한눈에 보기

WWW.TWITTER.COM

트위터는 온라인 SNS 겸 마이크로 블로그 서비스 사이트로, '트윗'이라고 불리는 최대 140자의 텍스트 기반 메시지를 주고받을 수 있다.

WWW.FACEBOOK.COM

페이스북 사용자는 페이지를 만들 수 있으며, 어떤 개인이나 기업, 제품, 서비스나 콘셉트를 좋아하는 팬들은 페이스북 페이지에 '좋아요'를 누르고 포스트 업데이트를 정기 구독할 수 있다. 페이스북 페이지는 사용자의 개인 프로필과 거의 비슷한 외형과 기능을 갖추고 있지만 페이스북의 광고 시스템과 연동 가능하기 때문에 페이지 운영자는 손쉽게 회원 대상 광고를 할 수 있다. 운영자(관리자)는 팬에게 업데이트를 보낼 수 있고 팬층에 대한 분석 결과도 볼 수 있다. 개인 프로필을 운영하는 개인 회원은 최대 5000명과 친구를 맺을 수 있는 반면, 페이스북 페이지의 팔로어나 '좋아요' 수에는 제한이 없다. 서드파티 앱을 추가해 보다 특별한 페이지를 꾸밀 수도 있다. 추가된 앱은 페이지에 탭 아이콘 형태로 표시된다.

WWW.INSTAGRAM.COM

인스타그램은 온라인 사진 공유 SNS로, 사진 촬영, 디지털 필터 적용, 페이스북이나 트위터 등 다양한 SNS를 통한 사진 공유가 가능하다. 인스타그램만의 특징은 모든 사진을 정사각형으로만 올릴 수 있다는 것이다.

WWW.PINTEREST.COM

핀터레스트는 핀보드 형태의 사진 공유 웹사이트다. 사용자는 핀터레스트에서 행사별, 관심 분야별, 취미별 등 주제별로 이미지 모음을 만들고 관리할 수 있다. 다른 핀보드를 검색해 사진을 찾고, 내 핀보드에 리핀하거나 '좋아요'를 누를 수도 있다.

WWW.FLICKR.COM

플리커(철자는 flickr이지만 발음은 flicker)는 이미지와 비디오 호스팅, 웹 서비스 스위트와 온라인 커뮤니티 기능을 제공하는 웹사이트로, 2004년 루디코프가 창립하고 2005년 야후가 인수했다. 개인 사용자들 사이에서 사진 공유와 업로드 사이트로 인기가 많을 뿐만 아니라 블로거들이 자신의 블로그나 SNS에서 불러올 사진을 호스팅하는 공간으로도 널리 사용된다.

WWW.LINKEDIN.COM

링크드인은 직업인의 SNS로 2003년 5월에 서비스를 시작했으며 주로 업무상 네트워킹 용도로 사용된다. 2013년 1월 기준으로 200개국이 넘는 다양한 나라에서 2억 명 이상의 사용자가 활동하고 있다.

WWW.GOOGLE.CO.UK/ANALYTICS

구글 웹로그 분석 사이트는 무료 웹 기반 툴로, 더 많은 사용자 방문 트래픽을 유도하거나 방문자를 고객으로 전환하는 데 도움이 될 만한 방대한 양의 정보를 얻을 수 있다.

이 책에서 만난 크래프터

안 크레시 프랑스

브랜드 : 마틸루

블로그 http://annecresci.blogspot.co.uk

엣시 http://www.etsy.com/uk/shop/matilou

페이스북 페이지 https://www.facebook.com/pages/
Matilou/74363959220

트위터 https://www.twitter.com/matilou

플리커 http://www.flickr.com/photos/23136898@N08

넬리아나 판 덴 바르트, 케네스 페넨보스, 플뢰르 판 두셀도르프 네덜란드

브랜드 : 스튜디오 스노퍼프

웹사이트 http://www.studiosnowpuppe.nl

페이스북 페이지 https://www.facebook.com/pages/
Studio-Snowppupe/2036151149666763?sk=wall

트위터 https://www.twitter.com/snowpuppe

플리커 http://www.flickr.com/photos/studiosnowpuppe

유튜브 http://www.youtube.com/user/snowpuppe#p/
u/3/3N10KT1O~7g

타비타 에마 호주

브랜드 : 타비타 에마

웹사이트 http://www.tabithaemma.com

블로그 http://tabithaemma.com/blog

엣시 http://www.etsy.com/shop/tabithaemma

페이스북 페이지 https://www.facebook.com/pages/
Tabitha-Emma/231351125905

트위터 https://www.twitter.com/tabithaemma

핀터레스트 http://pinterest.com/tabithaemma

드리블 http://dribbble.com/tabithaemma

인스타그램 http://instagram.com/tabithaemma

제이미 핼릭슨, 카르멘 마티 미국

브랜드 : 시티 시크 컨트리 마우스

웹사이트 www.CityChicCountryMouse.com

블로그 http://citychiccountrymouse.blogspot.co.uk

엣시 www.etsy.com/shop/citychiccountrymouse

페이스북 페이지 www.facebook/CityChicCountryMouse

트위터 twitter.com/CityChicJamie

핀터레스트 http://pinterest.com/jamieh

인스타그램 lucyjunesmama

토리 제인 영국

브랜드 : 토리 제인

웹사이트 http://www.toriejayne.com

엣시 http://www.etsy.com/shop/TorieJayne

블로그 http://toriejayne.blogspot.co.uk

페이스북 페이지 https://www.facebook.com/TorieJayneBlog

트위터 https://twitter.com/Toriejayne

플리커 http://www.flickr.com/photos/toriejayne

핀터레스트 http://pinterest.com/toriejayne

인스타그램 http://instagram.com/toriejayne

에마 램 영국

브랜드 : 에마 램

블로그 http://emmallamb.blogspot.co.uk

엣시 https://www.etsy.com/shop/emmalamb

폭시 http://folksy.com/shops/emmalamb

래블리 http://www.ravelry.com/designers/emma-lamb

숍 http://emmallamb.blogspot.co.uk/p/patterns.html

페이스북 페이지 https://www.facebook.com/emmalamb.uk

핀터레스트 http://pinterest.com/emmalamb/pins

플리커 http://www.flickr.com/photos/emmalamb

블로그러빙 http://www.bloglovin.com/emmallamb

엘리즈 메이저 미국

브랜드 : 팅커드 트레저

웹사이트 tinkeredtreasures.com

블로그 tinkeredtreasures.blogspot.co.uk

엣시 http://www.etsy.com/shop/tinkeredtreasures

페이스북 페이지 www.facebook.com/ElyseMajor
TinkeredTreasures

트위터 twitter.com/tinkeredtreasrs

핀터레스트 pinterest.com/tinkeredtreasrs

플리커 http://www.flickr.com/photos/elysemajor

블로그러빙 http://www.bloglovin.com/en/blog/1582149

링크드인 www.linkedin.com/in/elysemajor

굿리즈 http://www.goodreads.com/author/show/6902169.
Elyse_Major

애너벨 오잔 영국

브랜드 : 스리 레드 애플즈

웹사이트 www.threeredapples.com

블로그 http://www.threeredapples.blogspot.co.uk

엣시 http://www.etsy.com/shop/threeredapples

페이스북 페이지 www.facebook.com/threeredapples

트위터 twitter.com/threeredapples

플리커 www.flickr.com/photos/threeredapples

블로그러빙 http://www.bloglovin.com/blog/2168859/
three-red-apples

헬레나 샤에데르 쇠데르베리 스웨덴

브랜드 : 크래프트 앤드 크리에이티비티

웹사이트 http://www.makeandcreate.se

블로그 http://craftandcreativity.com/blog

페이스북 페이지 https://www.facebook.com/
pages/Craft-Creativity/255215084531333

핀터레스트 http://pinterest.com/craftcreativity

인스타그램 http://instagram.com/craft_and_creativity

플리커 http://www.flickr.com/photos/craftcreativity

텀블러 http://craftandcreativity.tumblr.com

블로그러빙 http://www.bloglovin.com/en/blog/3044314

타마르 셰크너 미국

브랜드 : 네스트 프리티 싱즈

웹사이트 http://nestprettythings.com

블로그 http://nestprettythings.com/journal

엣시 http://www.etsy.com/shop/
NestPrettyThingsShop?ref=si_shop
http://www.etsy.com/shop/nestprettythingskids
http://www.etsy.com/shop/nestprettybrides

페이스북 페이지 https://www.facebook.com/nestprettythings

플리커 http://www.flickr.com/photos/12558159@N08

텀블러 http://nestprettythings.tumblr.com

휘트니 스미스 미국

브랜드 : 휘트니 스미스

웹사이트 www.whitneysmithpottery.com

블로그 http://whitneys-pottery.blogspot.co.uk

숍 www.whitneysmithpottery.com/#!shop

엣시 www.etsy.com/shop/whitneysmith

페이스북 페이지 www.facebook.com/WhitneySmithPottery

트위터 https://twitter.com/whitneyspottery

플리커 www.flickr.com/photos/poppygirl/6842019081

멜 스트링어 호주

브랜드 : 걸리 페인즈

웹사이트 http://melstringer.storenvy.com

블로그 http://melstringer.blogspot.co.uk

숍 http://melstringer.storenvy.com

엣시 http://www.etsy.com/shop/girliepains

페이스북 페이지 https://www.facebook.com/melstringerart

텀블러 http://melstringer.tumblr.com

비키 트레이너 영국

브랜드 : 더 리넨 가든, 더 빈티지 드로어

웹사이트 http://www.thevintagedrawer.com

웹사이트/숍 www.thelinengarden.co.uk

블로그 www.thelinengarden.blogspot.com

엣시 http://www.etsy.com/shop/vickytrainor

트위터 https://twitter.com/vickytrainor

블로그러빙 http://www.bloglovin.com/blog/4409169/
the-linen-garden

아만다 라이트 미국

브랜드 : 위트 앤드 휘슬

웹사이트 http://witandwhistle.com

브랜드 http://witandwhistle.com/blog

엣시 http://www.etsy.com/shop/witandwhistle

숍 http://witandwhistle.com/shop

페이스북 페이지 www.facebook/witandwhistle

트위터 https://twitter.com/witandwhistle

핀터레스트 http://pinterest.com/witandwhistle

INDEX

밑줄로 표시된 페이지는 사진 찾아보기를 가리킨다.

A

어도비® 포토샵® 61

아바타 120, 60~61

에이웨버 127

B

배너 66~67

블로거 124

블로그 활동 6, 22, 42, 123, 124, 126, 127, 128

보드 36~41, 51

박스 15

    포장지로 감싼 상자 26~27

    리본 감개 정리함 18~19

    스타일리시한 수납함 28~29

브랜드 만들기 45~61

    브랜드 정립 50~53

    브랜드 컬러 54~57

    내 브랜드 정의하기 51

타비타 에마 브레이 59,113, 113

사업 계획 48

C

카메라 70~71

시티 시크 컨트리 마우스 35, 125, 130

색 39, 94

    브랜드 컬러 54~57

수납함 15, 16

포장지로 감싼 상자 26~27

크래프트 앤드 크리에이티비티 10, 22, 130

크래프트 작업대 17, 30~33

크래프트 박람회 체크리스트 102

크래프트 작업 공간 10~17

크리에이티브 커먼즈 38, 123

안 크레시 52, 59, 107, 107, 130

고객 서비스 76~77

D

다완다 65, 67

장식용 종이 리본 88~89

장식용 드로잉 핀 43

크래프트 디스플레이 98~99, 101

E

이메일 127

엣시 6, 60, 65, 68, 107, 113, 124, 127, 129

F

페이스북 60, 65, 111, 112, 114~117, 118, 122, 127, 128

플리커 22, 38, 60, 93, 111, 123

폭시 65, 67

G

걸리 페인즈 52, 75

구글 124

그라바타 60

H

옷걸이 100~101

후크 11, 17

I

인스타그램 122

L

에마 램 10, 14, <u>14</u>, 65, 99, 131
더 리넨 가든 59, 97
리놀륨판 고무 스탬프 86~87
멋진 상품 소개글 작성하기 74

M

메일침프 127, 129
엘리즈 메이저 10, 42, <u>42</u>, 59, 131
메이크 앤드 크리에이트 22
시장조사 46~47
마케팅 109~129, 111
마틸루 59, 107, 130

N

네스트 프리티 싱즈 68, 69, 74

O

애너벨 오잔 49, <u>49</u>, 52, <u>52</u>, 130

P

포장 77, 84, 85
사진 15, 61, 95, 116, 117, 122, 123
   제품 사진 근사하게 찍기 69, 72~73
   ('카메라' 항목 동시 참조)
픽몽키 61
핀터레스트 60, 111, 112, 118~119
예쁜 연필꽂이 24~25
가격 책정 78~80
   결제 처리 82
홍보 95

R

재활용 저장 용기 34~35
리본 감개 정리함 18~19

S

타마르 셰크너 68, <u>68</u>, 74
판매의 기초 63~89
   판매 장소 정하기 64~65
오프라인 판매 90~107
   매장 판매 106
   판매의 기술 96
   우편 배송 83
간판 95
휘트니 스미스 59, 81, <u>81</u>
헬레나 샤에데르 쇠데르베리 10, 22, <u>22</u>, <u>126</u>, 130
감개 <u>11</u>
   리본 감개 정리함 18~19
   나무 리본 감개 홀더 20~21
수납 11, 12, 15, <u>15</u>, <u>17</u>, 30
   업사이클링한 저장 용기 34~35
   스타일리시한 수납함 28~29
멜 스트링어 52, 75, <u>75</u>, 126
스튜디오 스노퍼프 53
스타일리시한 수납함 28~29
서베이몽키 47

T

타비타 에마 52, 59, 113, 126, 131
스리 레드 애플즈 49, 52, 126, 130
팅커드 트레저 42, 59, 131
비키 트레이너 38, 52, 59, 66, 74, 76, 97, <u>97</u>, 104, 130
텀블러 122
트위터 59, 60, 111, 117, 118, 120~121, 127, 128

V

더 빈티지 드로어 59, 66, 97, 104

W

휘트니 스미스 포터리 59, 81, <u>81</u>
위트 앤드 휘슬 38, 58, 121, <u>127</u>, 131
나무 리본 감개 홀더 20~21
워드프레스 60, 124
아만다 라이트 52, <u>52</u>, 58, <u>58</u>, 121, 131

Y

야후 123

D

다완다 65, 67
장식용 종이 리본 88~89
장식용 드로잉 핀 43
크래프트 디스플레이 98~99, 101

E

이메일 127
엣시 6, 60, 65, 68, 107, 113, 124, 127, 129

F

페이스북 60, 65, 111, 112, 114~117, 118, 122, 127, 128
플리커 22, 38, 60, 93, 111, 123
폭시 65, 67

G

걸리 페인즈 52, 75
구글 124
그라바타 60

H

옷걸이 100~101
후크 11, 17

I

인스타그램 122

작가 소개

어릴 때부터 토리 제인은 모든 종류의 디자인에 푹 빠져 있었다. 런던 킹스턴 대학에서 패션을 전공한 후 뉴욕에서 아메리칸 이글 아웃피터스에서 디자이너로 처음 취직했다. 런던으로 돌아온 후에도 막스 앤 스펜서, 자라 등 여러 하이 스트리트 브랜드에서 수영복, 니트, 데님, 아동복 등 다양한 컬렉션을 디자인하며 15년 동안 디자이너로 일했다. 내 집 마련에 성공하면서 크래프트와 인테리어에 대한 토리의 열정은 더욱 커졌다. 그녀는 탁월한 색채 감각과 섬세함으로 집 꾸미기에 열중했다. 2010년에는 블로그http://toriejayne.blogspot.co.uk를 시작해 베이킹, 크래프트, 인테리어 디자인 아이디어를 다른 사람들과 공유했다. 핀터레스트 보드pinterest.com/toriejayne와 플리커 포토스트림flickr.com/photos/toriejayne을 운영하며 남다른 색채 감각과 트렌디한 스타일을 선보였고, 블로그 방문자만 한 달에 10만 명에 달하는 그녀만의 온라인 브랜드를 구축할 수 있었다. 디자이너로 일하면서 세계 곳곳을 수없이 돌아다닌 경험에 힘입어 국제적인 영감을 바탕으로 작업한다는 것이 특징이다. 토리의 블로그는 영국을 기반으로 하지만 다국적 독자를 확보하고 있으며, 방문자의 3분의 1 이상이 미국인이다.

계절별 기념일에 어울리는 데커레이션에 대한 토리의 열정은 그녀의 블로그에 올라오는 핸드메이드 케이크 스탠드, 자수 테이블보, 반짝이를 붙인 버섯과 펠트 도토리, 눈송이 식탁 깔개 등 수많은 크래프트 제품에 잘 드러나 있다. 예쁜 마카롱과 독특한 롤리팝 케이크, 화려하게 장식한 케이크, 진저 브레드로 만든 새장, 아이싱을 얹은 도넛, 달콤한 토끼 롤리팝 초콜릿 등과 직접 디자인해 생산한 기프트 라벨, 포장재가 조화를 이룬 그녀의 디저트 테이블 스케치는 엄청난 인기를 얻었다.

물방울 무늬의 부활절 새에서부터 핼로윈의 검은 까마귀, 새장 모양 크리스마스 케이크, 수많은 새 모양 장식에 이르기까지 새는 그녀의 작품에 자주 등장하는 소재다.

토리의 블로그에 실린 창작 활동은 독일의 〈매직 오브 슈거〉, 영국의 〈메이킹〉, 네덜란드의 〈아드리아네 앳 홈〉, 프랑스의 〈세디〉, 호주의 〈ACP 매거진〉, 이탈리아의 아르놀도 몬다도리 출판사의 간행물과 그리스판 〈코즈모폴리턴〉 등 다양한 잡지와 간행물은 물론 '아파트먼트 테라피', '몰리 메이크스', '크리처 컴포트', '비 디퍼런트', '액트 노멀', '하트 홈' 등 온라인 웹사이트에 소개되었다.

토리 제인이라는 온라인 브랜드를 성공적으로 구축한 그녀는 이제 크래프트와 베이킹에 대한 열정에 집중하고 싶어 한다. 그래서 블로그를 동영상 강좌와 아이패드 앱을 포함한 웹사이트로 전환하기 위해 어릴 적 첫사랑인 IT 개발자와 함께 작업 중이다.

감사의 말

꿈이 현실이 되도록 도와준 모든 분에게 행복하고 기쁜 마음으로 감사의 인사를 전합니다. 아름다운 사진과 즐거운 여행을 선사해주고 훌륭한 버팀목이 되어준 수시 벨, 큰 도움을 준 비키, 에마, 엘리즈, 헬레나, 타마르, 타비타, 멜, 제이미, 카르멘, 넬리아나, 케네스, 플뢰르, 휘트니, 애너벨, 아만다, 안, 나를 찾아와준 소냐와 멋진 작업을 선보인 캐롤린에게 진심으로 감사드립니다. 꿈을 포기하지 말라고 독려해주신 부모님, 웃어주고 이해해주고 지지해준 친구들에게도 깊은 감사의 마음을 전합니다. 토리 제인 블로그 독자들과 블로그 친구들은 제 인생의 빛이 되어주었습니다. 저의 1호 팬인 조지에게도 감사합니다. 마지막으로 무엇보다도 매일매일 흔들림 없이 지지와 사랑, 격려를 보내주는 케이란이 있었기에 모든 것이 가능했습니다.

순진한 크래프터를 위한 PLUS TIP

크래프트 숍

아이엠핸드메이드
http://www.iamhandmade.co.kr

크래프트 스토어
http://www.craftstore.co.kr

아트앤크래프트
http://www.artsandcrafts.co.kr

월드크래프트
http://www.worldcraftshop.co.kr

핸드메이드 박람회

DIY 핸드메이드 쇼
http://www.diyshowkorea.com

핸드메이드 코리아 페어
http://www.handmadekorea.co.kr

서울 국제 핸드메이드 페어
http://www.seoulhandmadefair.com

입소문 난 플리마켓

백현동 문화마을 크래프트 플리마켓
http://blog.naver.com/limiteria00

이태원 계단장
https://www.facebook.com/wosadan

비욘드 플리마켓
http://blog.naver.com/beyondmuseum

피프티 서울 플리마켓
https://www.facebook.com/FIFTYSEOUL

도떼기 마켓
https://www.facebook.com/dottegimarket